Metodologia
Processo de Produção, Registro e Relato do Conhecimento

Ofélia Maria Guazzelli Charoux

3ª edição

Metodologia
Processo de Produção, Registro e Relato do Conhecimento

Ofélia Maria Guazzelli Charoux

www.dvseditora.com.br

Metodologia: Processo de Produção, Registro e Relato do Conhecimento
Copyright® DVS Editora 2007 - 3ª edição
Todos os direitos para a língua portuguesa reservados pela editora.

Nenhuma parte dessa publicação poderá ser reproduzida, guardada pelo sistema "retrieval" ou transmitida de qualquer modo ou por qualquer outro meio, seja este eletrônico, mecânico, de fotocópia, de gravação, ou outros, sem prévia autorização, por escrito, da editora.

Revisão: Ivone Andrade e Márcia Elisa Rodrigues
Produção Gráfica e Diagramação: Spazio Publicidade e Propaganda

Endereço para correspondências com o autor:
Ofélia M. G. Charoux
e-mail: omcharoux@faap.br

Dados Internacionais de Catalogação na Publicação (CIP)
(Câmara Brasileira do Livro, SP, Brasil)

```
     Charoux, Ofélia Maria Guazzelli
        Metodologia: processo de produção, registro
     e relato do conhecimento / Ofélia Maria
     Guazzelli Charoux. -- ed. rev. -- São Paulo  :
     DVS Editora, 2006.

        Bibliografia.

        1. Conhecimento  2.  Monografias acadêmicas
     3. Pesquisa - Metodologia  4.  Pesquisa - Técnica
     5. Trabalhos científicos - Metodologia 6. Trabalhos
     científicos - Redação I.  Título.

06-0241                                       CDD-001.42
```

Índices para catálogo sistemático:

1. Metodologia da pesquisa: Trabalhos
   científicos : Produção   001.42
2. Monografias acadêmicas : Produção :
   Metodologia da pesquisa   001.42

A viagem não acaba nunca. Só os viajantes acabam [...]. O fim duma viagem é apenas o começo doutra. É preciso ver o que não foi visto, ver outra vez o que se viu já, ver na primavera o que se vira no verão, ver de dia o que se viu de noite, com sol onde primeiramente a chuvas caíra, ver a seara verde, o fruto maduro, a pedra que mudou de lugar, a sombra que aqui não estava. É preciso voltar aos passos que foram dados, para os repetir, e para traçar caminhos novos ao lado deles. É preciso recomeçar a viagem. Sempre [...] (SARAMAGO, 1990, p.76).

Agradecimentos

Agradeço às professoras Ana Lúcia Rodrigues e Ana Lúcia Magyar por suas valiosas contribuições.

À Márcia Dias, meu agradecimento especial pelo empenho e dedicação no detalhado trabalho de revisão mecanográfica e digitação cuidadosa na 1ª edição, pelas sugestões pertinentes à compreensão e aplicação das instruções deste guia, bem como pela contribuição oportuna na revisão desta edição.

Resumo

Este é um guia elaborado para fins didáticos, que apresenta os principais conceitos da metodologia da pesquisa, suas etapas e instruções para auxiliar os alunos na produção de uma monografia.

Sua elaboração baseou-se em obras reconhecidas sobre o assunto, respeitando as normas da Associação Brasileira de Normas Técnicas (ABNT) para publicações científicas. Algumas flexibilizações foram feitas para facilitar a produção de trabalhos pelo público acadêmico.

Palavras-chave: metodologia, técnicas de pesquisa, trabalho científico, monografia, pesquisa.

Sumário

INTRODUÇÃO _____ 17

CAPÍTULO 1
A PRODUÇÃO DE CONHECIMENTO CIENTÍFICO _____ 21
1.1 Conhecimento e ciência: uma definição _____ 21
1.2 Metodologia científica: conceito e importância _____ 22

CAPÍTULO 2
O PROJETO DE PESQUISA E SEU PLANO _____ 25
2.1 Roteiro para elaboração do projeto de pesquisa _____ 26
2.2 Trabalho individual ou trabalho em equipe? _____ 28
2.3 Critérios de avaliação do projeto _____ 28

CAPÍTULO 3
CRIANDO UMA ESTRATÉGIA PARA A BUSCA DE CONHECIMENTO _____ 31
3.1 A delimitação do assunto em tema _____ 32
    3.1.1 Fontes de inspiração para a escolha do tema _____ 32
    3.1.2 Validação do tema para a pesquisa _____ 33
    3.1.3 Formulação do problema _____ 34
3.2 Formulação de hipóteses _____ 35

CAPÍTULO 4
TIPOS DE PESQUISA, TÉCNICAS DE COLETA DE DADOS,
ANÁLISE E INTERPRETAÇÃO _____ 37
4.1 Tipos de pesquisa _____ 38
    4.1.1 Pesquisa exploratória _____ 38
    4.1.2 Pesquisa descritiva _____ 39
    4.1.3 Pesquisa experimental ou causal _____ 39
    4.1.4 Estudo de caso _____ 40

4.2. Tipos de dados _____ 41
   4.2.1 Dados secundários _____ 41
      4.2.1.1 Como coletar dados secundários _____ 42
      4.2.1.2 Instrumentos para registro da coleta de dados secundários _____ 42
   4.2.2 Dados primários _____ 42
      4.2.2.1 O uso da amostragem _____ 42
         4.2.2.1.1 Outras classificações para cada uma delas _____ 43
      4.2.2.2 Instrumentos para coleta de dados primários _____ 44
         4.2.2.2.1 Entrevistas _____ 44
         4.2.2.2.2 Questionários _____ 45
         4.2.2.2.3 Observação _____ 47
4.3 Tratamento das informações coletadas _____ 49
   4.3.1 Organização dos dados secundários _____ 49
   4.3.2 Organização dos dados primários _____ 50
      4.3.2.1 Entrevistas _____ 50
      4.3.2.2 Questionários _____ 50
      4.3.2.3 Observação _____ 50
4.4 Análise e interpretação dos dados _____ 51
   4.4.1 Análise _____ 51
   4.4.2 Interpretação _____ 51

CAPÍTULO 5
A ESTRUTURA DA MONOGRAFIA _____ 53
5.1 Conceito _____ 53
5.2 Estrutura básica da monografia _____ 55
   5.2.1 Pré-textual _____ 56
      5.2.1.1 Capa _____ 56
      5.2.1.2 Folha de rosto _____ 56
      5.2.1.3 Ficha catalográfica _____ 56
      5.2.1.4 Errata _____ 56
      5.2.1.5 Folha de aprovação _____ 57
      5.2.1.6 Dedicatória _____ 57
      5.2.1.7 Agradecimento _____ 57
      5.2.1.8 Epígrafe _____ 57
      5.2.1.9 Resumo _____ 57
      5.2.1.10 Resumo em língua estrangeira _____ 57
      5.2.1.11 Sumário _____ 57
      5.2.1.12 Lista de símbolos _____ 58
      5.2.1.13 Lista de ilustrações _____ 58
      5.2.1.14 Lista de abreviaturas e siglas _____ 58

5.2.2 Textual 58
5.2.3 Pós-textual 59
    5.2.3.1 Referências bilbiográficas 59
    5.2.3.2 Webgrafia 59
    5.2.3.3 Glossário 59
    5.2.3.4 Apêndice(s) 60
    5.2.3.5 Anexo(s) 60
    5.2.3.6 Bibliografia 60

CAPÍTULO 6
APRESENTAÇÃO GRÁFICA DO TRABALHO 61

6.1 A linguagem 61
6.2 Uso de aspas e dos estilos itálico, sublinhado e negrito 64
6.3 Papel, margens e fontes 64
6.4 Paginação 65
6.5 Formatação das partes (tópicos) que compõem o trabalho 65
    6.5.1 Títulos 65
    6.5.2 Subtítulos, subdivisões e alíneas 65
    6.5.3 Marcadores 66
    6.5.4 Orientações para formatar os tópicos que compõem a estrutura do trabalho 66
6.6 Normas gerais para a elaboração das referências bibliográficas, webgrafia e bibliografia 66
    6.6.1 Referências bibliográficas 66
    6.6.2 Referências –Webgrafia 78
6.7 Citações 79
    6.7.1 Citações literais 79
        6.7.1.1 Citações literais curtas 79
        6.7.1.2 Citações literais longas 79
        6.7.1.3 Indicação das fontes das citações 80
    6.7.2 Paráfrase 80
    6.7.3 Citação de citação (ou de segunda mão) 81
    6.7.4 Citação traduzida 82
    6.7.5 Citação de artigos, publicações e informações extraídas da Internet 82
    6.7.6 Citações: omissões, dúvidas, incoerências e enfatização 82
6.8 Notas de rodapé 84
    6.8.1 Notas de referências bibliográficas e webgrafia no rodapé 84
        6.8.1.1 Notas de referências bilbiográficas 84
        6.8.1.2 Notas de citações extraídas da internet 86
6.9 Referências no corpo do texto 87
6.10 Lista de expressões latinas para referência das fontes bibliográficas 87
6.11 Ilustrações 89

6.11.1 Uso de tabela _____ 89
6.11.2 Uso de gráfico _____ 90
6.11.3 Uso de quadro _____ 92
6.11.4 Uso de figura _____ 92
6.12 Abreviaturas e siglas _____ 93

CAPÍTULO 7
REVISÃO, ENTREGA, APRESENTAÇÃO E CRITÉRIOS DE AVALIAÇÃO _____ 95
7.1 Revisão final do trabalho _____ 95
7.2 Entrega do trabalho _____ 97
7.2.1 Impressão do trabalho _____ 97
7.2.2 Encadernação _____ 97
7.3 Apresentação à banca examinadora _____ 98
7.4 Critérios de avaliação da monografia _____ 98
7.5 Planejamento e preparação de uma apresentação eficaz _____ 98

CONCLUSÃO _____ 103

REFERÊNCIAS BIBLIOGRÁFICAS _____ 105

WEBGRAFIA _____ 107

GLOSSÁRIO _____ 109

APÊNDICES _____ 111
APÊNDICE A – Análise da versão preliminar dos trabalhos _____ 111
APÊNDICE B – Análise da versão final dos trabalhos – Bancas _____ 113
APÊNDICE C – As questões mais freqüentes que os alunos formulam (FAQ) _____ 115

ANEXOS _____ 119
ANEXO A – Modelo de Capa: Projeto de Pesquisa _____ 119
ANEXO B – Guia para a construção de questionários ou roteiros de entrevistas _____ 120
ANEXO C – Modelo: Capa do Trabalho de Conclusão de Curso _____ 121
ANEXO D – Modelo da folha de rosto _____ 122
ANEXO E – Modelo da folha de aprovação _____ 123
ANEXO F – Modelo: Tombo/Lombada da encadernação _____ 124

BIBLIOGRAFIA _____ 125

Introdução

Este guia foi elaborado com o objetivo de oferecer embasamento metodológico para a realização de um trabalho acadêmico.

Dispor de um guia para a produção de conhecimento com apoio de metodologia científica é algo que beneficia tanto alunos quanto professores. Aos alunos, permite dispensar a consulta a outras obras sobre metodologia de pesquisa que, freqüentemente, apresentam instruções diferenciadas e acabam desestimulando-os e, às vezes, até confundindo-os na tentativa de entender as regras de produção científica. Aos professores, sistematiza as diretrizes técnicas a serem utilizadas para orientá-los no desenvolvimento dos conteúdos de suas áreas de especialização.

Não se pretende, com este guia, esgotar o assunto ou considerá-lo uma obra de referência, nem mesmo discutir ou esboçar, quer do ponto de vista teórico quer do filosófico, um conceito sobre Ciência e seus resultados. Também não faz parte deste a abordagem sobre tratamento estatístico de dados, o que, em razão de sua importância e profundidade, exigiria um trabalho à parte.

Sua utilidade e diferenciação residem na preocupação de oferecer aos alunos dos cursos em que se prevê a produção de uma Monografia ou Trabalho de Conclusão de Curso a base de instruções necessárias, aplicáveis e, principalmente, compreensíveis em sua exigência. O grau de dificuldade dos alunos com a disciplina, observado pela autora como docente da disciplina Metodologia da Pesquisa Científica, invariavelmente diminuiu em cada oportunidade criada para entender que a formalidade exigida no processo de produção do conhecimento tem sempre razão de ser. Nada é gratuito ou deliberadamente concebido com regras aborrecidas e desnecessárias. Cada orientação tem propriedade e visa dar consistência aos resultados alcançados.

A lógica e o rigor exigidos no registro e relato do conhecimento não podem nem devem inibir o engenho e a criatividade do pesquisador. Ao contrário, devem ser apenas seus balizadores. A evolução do conhecimento ao longo do tempo se processa em um movimento de espiral ascendente, no qual tudo o que é visto deve ser revisto continuamente para ser reafirmado ou modificado por uma visão mais completa e mais nítida. Parafraseando os conceitos de gestão da qualidade na área da Administração, o processo de produção do conhecimento, tal como qualquer outro, pode e deve sofrer ações de melhoria contínua.

Todo aluno estará apto e predisposto à observância das regras de produção do conhecimento, zelando por elas, desde que as compreenda e alcance sua importância e propriedade.

Assim sendo, este guia tem a pretensão de oferecer, àqueles que necessitam apresentar um Trabalho de Conclusão de Curso, a elucidação prática das principais questões relativas à metodologia de pesquisa científica. Por isso, ele tem, em seu desenvolvimento, o aspecto final de uma monografia, de acordo com os parâmetros aqui definidos.

Considerando-se, ainda, sua finalidade didática, em alguns pontos houve necessidade de apresentar uma configuração que atendesse seu caráter instrucional. Sua elaboração está baseada em obras consagradas sobre metodologia de pesquisa[1] e produção acadêmico-científica.

Algumas decisões sobre a forma adequada de organizar o texto e apresentá-lo são fruto de escolha da autora, e não necessariamente de uma regra absoluta. Cada instituição de ensino pode, em certa medida, adaptar as normas de produção de trabalhos acadêmicos segundo seus propósitos. No caso desta obra, dados o contexto e os objetivos segundo os quais é desenvolvida a produção acadêmica dos alunos, voltada à obtenção de respostas ou resultados aplicáveis à gestão ou ampliação de conhecimento sobre algum processo ou à melhoria de uma prática, julgou-se indicado um texto de orientação o mais leve possível e ao mesmo tempo capaz de evitar o perigoso tratamento dado à metodologia como apenas um conjunto de regras para formatação de um texto.

O Capítulo 1 apresenta, de maneira resumida, alguns conceitos-chave que requerem explicitação quanto a seu significado e importância. O Capítulo 2 esclarece o conceito geral de projeto de pesquisa e fornece um roteiro para sua elaboração. O

---

[1] Ver as referências bibliográficas, webgrafia e a bibliografia deste guia.

Capítulo 3 discorre sobre as diferenças entre um assunto, um tema e um problema de pesquisa e indica o que são e como formular hipóteses de pesquisa. O Capítulo 4 trata dos tipos de pesquisa, tipos de dados com os quais o pesquisador pode trabalhar, o conceito de amostragem e as técnicas disponíveis para sua obtenção, além de uma breve orientação sobre a forma como devem ser organizados os dados levantados. O Capítulo 5 indica como se estrutura uma monografia e justifica a importância desta classificação. O Capítulo 6 detalha a forma de apresentação gráfica do trabalho e acrescenta indicações sobre procedimentos para a revisão final do trabalho. O Capítulo 7 fornece orientações sobre os procedimentos necessários para a finalização do trabalho e a revisão final, os critérios de avaliação adotados e como preparar a apresentação do trabalho à banca examinadora. Na conclusão, enfatiza-se a importância da metodologia de pesquisa como ferramenta imprescindível para nortear a produção de conhecimento.

A elaboração de trabalhos acadêmicos pode ser tarefa prática e bastante prazerosa. A melhor maneira de aprender com esses trabalhos é fazendo dessa oportunidade, como lembra Eco (2000, p. 19), "uma ocasião única para fazer alguns exercícios que nos servirão por toda a vida".

Uma série de seis anexos e três apêndices agrega ao texto um conjunto de informações de caráter aplicativo, relacionadas aos procedimentos necessários para a formatação do trabalho.

A formatação aqui apresentada pode servir de base para a formatação dos trabalhos dos alunos de qualquer disciplina. Recomenda-se essa estrutura para elaboração de projetos de qualquer natureza, uma vez que sua base corresponde ao processo lógico de articulação do pensamento.

No círculo virtuoso da produção do conhecimento, nunca se pode dar por terminado um trabalho. Assim, todas as sugestões que vierem a enriquecer e incorporar-se a este trabalho, tendo em vista seu propósito de facilitar o estudo dos alunos, serão bem-vindas.

Conforme já exposto, o recorte aqui apresentado é o resultado do trabalho realizado ministrando aulas e orientando alunos na elaboração de trabalhos. Ele reflete a visão da autora sobre o que considera importante na produção de conhecimento científico, relacionado, de um lado, à lógica do pensamento que o gera e, de outro, à possibilidade de verificação que requer.

Metodologia
Processo de Produção, Registro e Relato do Conhecimento

Capítulo 1

A PRODUÇÃO DE CONHECIMENTO CIENTÍFICO

1.1 CONHECIMENTO E CIÊNCIA: UMA DEFINIÇÃO

A busca de explicações sobre o mundo é tão antiga quanto a história do homem, que continuamente empregou algum tipo de metodologia para dotar de sentido o mundo que o cerca. Sucessiva ou alternadamente, ele se apoiou em versões religiosas, místicas e científicas, sempre procurando captar o significado dos fenômenos que o cercam e construir a partir deles uma explicação, usando sua percepção a esse respeito.

O entendimento dos fatos ou fenômenos dota o ser humano de diferentes graus de controle sobre eles. Em outras palavras, captar como algo acontece, entender o processo, conhecer as causas responsáveis pela ocorrência, permite que o homem tire proveito desse conhecimento, seja desviando-se do que não pode mudar, acelerando sua ocorrência, quando possível, seja até mesmo definindo as condições para que algo aconteça segundo sua intervenção. Conhecer dota o homem de poder.

Há diferentes tipos de conhecimento. Este texto ocupa-se do conceito de conhecimento científico, que envolve descrição minuciosa da ocorrência de um fenômeno, identificação dos fatores que o compõem e posterior comprovação do que se afirma como verdade. Ou seja, o conhecimento científico trabalha com lógica somada à verificação factual.

Neste guia entende-se Produção Científica como resultado de um processo de descoberta vindo da seleção, observação, registro e organização crítica dos dados da realidade. As instruções aqui fornecidas sobre esse processo servirão como base para a realização de um trabalho acadêmico.

1.2 METODOLOGIA CIENTÍFICA: CONCEITO E IMPORTÂNCIA

Método é uma forma de ordenar o pensamento. Aplicado à investigação científica, significa combinar estrategicamente a capacidade de encadeamento lógico das idéias, empregando-a para conhecer os fatos, através de diferentes procedimentos. Estes pressupõem uma série de regras através das quais o conhecimento é produzido e atribuem, assim, alto grau de confiabilidade aos resultados obtidos, uma vez que permitem comprovar o que se afirma. Não se trata, portanto, de conjecturas ou suposições, mas de conclusões baseadas em dados da realidade.

O método científico agrega, portanto, lógica e evidência factual, normatizando o processo de busca de explicações consistentes sobre os fatos, sua unidade, especificidade, ordem, regularidade, causas e efeitos.

As regras ditadas para a metodologia científica são gerais, isto é, aplicam-se a qualquer objeto ou fenômeno, definindo, no plano formal do trabalho, **a forma correta a ser seguida para obter dados** e a **maneira de testá-los e apresentá-los.**

Essas questões formais são muitas vezes depreciadas, atribuindo-se maior importância ao conteúdo de um trabalho, ao seu tema, ao seu objeto de estudo. Obviamente eles são muito importantes, pois formam a razão de ser do trabalho! Porém, o que se quer demonstrar é que não basta apresentar um assunto interessante e atual. Se esse assunto não for abordado adequadamente, corre-se o risco de não perceber, dentro de um contexto, potenciais situações capazes de tornar o eixo de trabalho de pesquisa criativo e inovador.

Assim, a Metodologia deve ser entendida como um elemento facilitador da produção de conhecimento, uma ferramenta capaz de auxiliar o entendimento do processo de busca de respostas e o adequado posicionamento das perguntas importantes sobre o que se ignora.

O uso adequado da Metodologia permite:

- **Descobrir** fatores responsáveis pela ocorrência de determinado fato ou fenômeno, empregando experimentos para passar do plano puramente inteligível para o plano lógico-factual;

- **Organizar o pensamento** para delimitação clara de uma questão-problema, isto é, identificar com exatidão um problema a ser resolvido, delimitando um "recorte" inteligível da realidade, compatível com os recursos e capacidades do pesquisador;

- **Elaborar possíveis respostas** para a questão-problema, passíveis de verificação através do levantamento de evidências;

- **Construir instrumentos objetivos de coleta de dados**, que permitam descrever detalhadamente os fatos ou fenômenos observados, criando também situações experimentais para testar as hipóteses levantadas;

- **Tabular, analisar e interpretar** o significado dos dados obtidos;

- **Extrair conclusões** acerca dos dados coletados, isto é, responder de maneira satisfatória, dentro das exigências impostas, à questão-problema da pesquisa;

- **Preparar a comunicação do processo e dos resultados** da pesquisa realizada, perpetuando e difundindo à comunidade o seu entendimento da questão proposta, valendo-se de uma forma de registro criteriosa e disciplinada.

O método apresenta-se, portanto, como um instrumento imprescindível para auxiliar o pesquisador a pensar e redigir sobre a matéria de seu interesse. Sua utilização pode ser entendida como um exercício de estudo.

Metodologia
Processo de Produção, Registro e Relato do Conhecimento

Capítulo 2

O PROJETO DE PESQUISA E SEU PLANO

A o deparar-se com uma questão interessante a ser investigada, é preciso colocar em prática as orientações do Método Científico, isto é, planejar o trabalho de pesquisa definindo os passos necessários para a busca e o registro de informações.

Definem-se, então, as etapas do projeto de pesquisa, válido para qualquer situação que se aplique:

> Projeto é um empenho assumido, temporário, para obter-se um resultado único [...]. Temporário significa que esse resultado tem um início e um fim definidos. Único significa que o resultado é diferente, sob alguns aspectos, de outros similares (PROJECT MANAGEMENT INSTITUTE, 2005)[1].

---

[1] Essa definição foi extraída do *Project Management Body of Knowledge,* – do *Project Management Institute*, disponível em: <www.novintec.com.br/programa_pmi_gp.php>. Acesso em 30 nov. 2005. Trata-se de um tipo de norma para os profissionais de gerenciamento de projetos, traduzida e adaptada pela autora para este manual.

À definição mencionada acrescentem-se outras características de um projeto: deve ser desenvolvido por um profissional ou equipe focados especificamente para essa tarefa, que, por apresentar natureza temporária, terá um término previsto. Um projeto deve desenvolver um objetivo comum previamente planejado, apresentando, de maneira clara, responsabilidades, atividades, gerenciamento, implementação, controle e avaliação.

2.1 ROTEIRO PARA ELABORAÇÃO DO PROJETO DE PESQUISA

O plano do projeto de pesquisa, ou seja, das intenções para realizar o trabalho, deve ser registrado em um documento escrito que contenha os seguintes tópicos, nesta ordem:

- **Título do trabalho**: não precisa ser, necessariamente, idêntico à formulação do tema, mas sugeri-lo. Aponta sobre **o que** trata o trabalho. Deve ser breve e dar a entender qual tema será abordado, redigido preferencialmente de maneira criativa, evitando-se o uso de adjetivos e palavras de sentido amplo (como, entre outras: melhor, importância, qualidade, atualidade, eficiência) e pode utilizar recursos de pontuação para encurtá-lo;

- **Tema**: é a especificação do assunto do trabalho. Deve ser formulado de maneira concreta e clara e sua redação não precisa, necessariamente, ser idêntica ao título da monografia;

- **Problema**: é a explicitação em geral formulada, sob a forma de frase interrogativa, da questão central ou objeto de estudo da monografia;

- **Hipótese**: é a formulação de uma possível resposta ao problema. Deve ser testada através de fatos, isto é, ser passível de verificação. Um único problema pode sugerir várias hipóteses. Cabe ao pesquisador selecionar, para investigação, as que julgar mais prováveis de serem verdadeiras e, ao mesmo tempo, as mais acessíveis para verificação;

- **Objetivo(s)**: é a indicação do que se pretende (finalidade) como resultado do trabalho. O objetivo deve ser expresso de maneira clara, sucinta e direta. Eis alguns verbos adequados para a formulação de objetivos: medir, descrever, comparar, examinar, analisar, descobrir (para características, efeitos e processos), construir, obter e identificar (para critérios, padrões e causas);

- **Justificativa**: é a descrição do porquê da escolha do tema. Explicita o interesse e a importância do tema na área de conhecimento em que se insere. Deve indicar o uso (prático, teórico) que se faz ou poderá ser feito do estudo desse tema face à situação atual da questão abordada pelo projeto;

- **Fonte de dados**: é a indicação das fontes de dados e/ou informações a serem consultadas. Se forem dados primários, será preciso indicar, além das informações a serem coletadas, a(s) técnica(s) e instrumento(s) para obtenção dos dados (questionário, entrevista, observação). Se forem dados secundários, é preciso indicar os dados disponíveis e informar como serão obtidos;

- **Metodologia de pesquisa**: indica a forma de tratamento dispensada aos dados/informações coletadas e o tipo de projeto desenvolvido em termos do tipo de questionamento feito em relação à questão proposta como problema: Estudo exploratório? Estudo descritivo? Estudo experimental (causa/efeito)? (ver informações sobre os tipos de pesquisa no Capítulo 4);

- **Sumário preliminar**: apresenta, sob a forma de tópicos, os itens que deverão compor a abordagem do tema escolhido; classifica os tópicos em seqüência lógica, empregando a nomenclatura com a qual são apresentados ao longo do trabalho;

- **Referências bibliográficas**: relaciona todas as fontes de informações utilizadas e citadas ao longo do trabalho;

- **Webgrafia:** relaciona os *sites* efetivamente visitados e citados no trabalho[2];

- **Bibliografia:** relaciona todas as obras consultadas pelo(s) autor(es) relacionadas ao tema do trabalho, mas não necessariamente citadas nele;

- **Cronograma:** o documento elaborado para apresentação de um projeto inclui, ainda, dados sobre custos e atribuições. No caso da apresentação de um projeto para fins estritamente acadêmicos, não há necessidade de registrá-los. No entanto, para que o autor possa acompanhar e controlar o desenvolvimento de seu trabalho, a sugestão é organizar uma estimativa de **prazos e datas**. Recomenda-se que o cronograma seja estabelecido em termos de semanas.

---

[2] Na ABR 6023 a webgrafia está relacionada junto com as referências bibliográficas. Neste guia, a autora optou por fazê-lo em separado, por entender que deste modo facilita-se sua visualização.

Um projeto de pesquisa bem elaborado, convenientemente planejado e documentado, será origem para a redação da introdução da monografia.

2.2 TRABALHO INDIVIDUAL OU TRABALHO EM EQUIPE?

Realizar uma monografia ou trabalho de conclusão de curso individualmente, em alguns casos e instituições pode ser uma opção. Nesta situação convém examinar os aspectos positivos e negativos de cada uma delas.

Trabalhar individualmente pode ser extremamente prático. Usar o tempo da forma mais conveniente, não depender de mais ninguém para preparar um resumo ou parte do trabalho, não precisar revisar e padronizar a redação do texto, o que é muito comum a trabalhos compostos a várias mãos, são algumas vantagens a considerar.

Por outro lado, dispor de um interlocutor, alguém que questione, critique, indague, instigue e compartilhe dúvidas e achados, também constituem atributos preciosos a considerar.

O trabalho em grupo, mais do que uma tendência, é visto hoje como uma necessidade imperativa. Diferentes experiências, formações intelectuais, profissionais e técnicas devem somar-se harmoniosamente e, como em uma orquestra, trabalhar afinadas em direção a um propósito comum.

A realização do trabalho precisa ser entendida como um projeto a ser gerenciado, implementado e avaliado. Cada componente deve desenvolver uma das mais importantes características atualmente exigidas no mercado profissional: trabalhar em equipe. Dessa forma, o sucesso da atividade decorrerá do esforço, dedicação, motivação e integração do grupo como um todo.

É importante registrar que pessoas diferentes têm visões distintas sobre uma mesma questão. Essa diversidade é potencialmente muito rica e pode propiciar a expansão do quadro de referência de cada componente da equipe, utilizando o exercício permanente de questionamento mútuo, problematizando a fundo cada passo do projeto, desde a formulação do problema até a apresentação dos resultados.

2.3 CRITÉRIOS DE AVALIAÇÃO DO PROJETO

A análise crítica de um projeto deve considerar os seguintes quesitos:

- **Explicitação do tema e formulação do problema**: as frases que expressam o tema do projeto e a pergunta central da pesquisa a ser iniciada (O Problema de Pesquisa) devem estar claramente definidas e os termos que as compõem não podem dar margem a ambigüidades;

- **Elaboração da(s) hipótese(s)**: a(s) frase(s) que expressa(m) a(s) hipótese(s) deve(m) ser passível(is) de verificação através de experimentos, coleta de dados ou depoimentos;

- **Consistência na elaboração da justificativa quanto à escolha do Problema de Pesquisa**: é preciso explicar claramente o interesse e a utilidade do trabalho proposto para a área de conhecimento no qual se insere;

- **Clareza no registro e na explicitação dos objetivos e finalidades do trabalho;**

- **Adequação da metodologia de pesquisa adotada aos objetivos propostos**: as fontes de dados utilizadas devem ser adequadas em relação às técnicas para levantamento de dados escolhidas, aos objetivos propostos e às hipóteses elaboradas;

- **Apresentação formal do projeto**: o projeto deve observar numerosas instruções mecanográficas. É preciso padronizar o tamanho do papel, as margens, tamanho, tipo e cor de fonte, espaçamento de entrelinhas, parágrafos, alinhamentos, etc (as definições para a formatação geral são apresentadas no Capítulo 6 deste guia. Especificamente para a formatação da capa, consultar o Anexo A).

Metodologia
Processo de Produção, Registro e Relato do Conhecimento
Capítulo 3

CRIANDO UMA ESTRATÉGIA PARA A BUSCA DE CONHECIMENTO

Tal qual em uma obra de engenharia, que pressupõe a construção de um alicerce, antes de se iniciar uma pesquisa é preciso desenvolver um sólido projeto de base. Assim, a etapa inicial da pesquisa consiste em dar seqüência ao que já foi definido na fase de planejamento, ou seja, do projeto, em termos das diretrizes a serem seguidas, a saber: **o que** pesquisar, **para que**, **por que** e **como**.

As etapas do projeto que darão o direcionamento da pesquisa são: a escolha do **assunto**, sua explicitação como um **tema** e sua delimitação em uma **questão-problema**.

Esse é um processo de afunilamento que deve ser realizado em razão da necessidade, por parte do pesquisador, de controlar a quantidade de informações a serem coletadas, em termos de verificação de sua autenticidade e representatividade. Em outras palavras, o limite aceitável de abrangência da questão a ser investigada em uma pesquisa deve ser proporcional à capacidade de coleta e controle dos dados, quanto à sua fidedignidade e objetividade. **Para** obter respostas claras e objetivas é necessário também formular questões claras e objetivas.

Conforme já indicado, a escolha de um assunto e sua transformação em uma questão-problema é resultado, portanto, de um trabalho de afunilamento, que garantirá que se extraia de um campo vasto de conhecimento um ponto específico do estudo, o qual, depois de investigado, se encaixará novamente na área da qual foi retirado, não mais como uma questão, mas como uma explicação.

A natureza do problema que dá origem ao processo de pesquisa varia: boas questões para a pesquisa podem derivar de dificuldades práticas na vida profissional, do desconhecimento de conceitos que embasam práticas, técnicas, processos ou explicações ou, ainda, do interesse em prever a ocorrência de certos eventos. De qualquer modo, a **pesquisa sempre procura respostas** para um problema previamente definido.

As possibilidades de encontrar as respostas variam. O sucesso aumenta à medida que a pesquisa é entendida como um processo e não apenas como uma simples coleta de dados.

3.1 A DELIMITAÇÃO DO ASSUNTO EM TEMA

Um assunto de pesquisa é a determinação de uma área geral de interesse. É mais abrangente que um tema, que, por sua vez, deverá ser transformado em uma questão-problema, para a qual se buscarão respostas.

3.1.1 FONTES DE INSPIRAÇÃO PARA A ESCOLHA DO TEMA

É preciso desenvolver formas eficazes para inspirar o investigador ou uma equipe de trabalho na percepção de temas relevantes, interessantes e exeqüíveis. Em um universo de alunos de cursos de pós-graduação *lato sensu*, por exemplo, uma excelente fonte de inspiração para a escolha do tema é a própria atividade profissional que cada aluno desenvolve. Dela podem surgir idéias sobre como inovar, mudar, implementar, solucionar e descobrir processos para a produção de bens ou serviços.

Outra fonte de inspiração para os alunos são os programas das disciplinas do curso de que tenham participado ou estejam participando, levando em conta pontos abordados que não ficaram muito claros ou que não foram satisfatoriamente tratados do seu ponto de vista, ainda ensejando curiosidade e interesse para aprofundá-los.

O grau de informação geral de um investigador ou, no caso dos trabalhos em grupo, que cada participante da equipe de trabalho possui, também tem grande valia. Aumentar a base de conhecimento significa gerar massa crítica, o que pode ser conseguido por meio da leitura de jornais, revistas, livros técnicos, publicações distribuídas por entidades de classe ou pelas empresas onde trabalham, além de outros trabalhos realizados sobre o assunto, catálogos de editoras etc. Buscas na internet ou visitas a bibliotecas também podem definir-se como fontes inspiradoras para trabalhos interessantes, desafiadores e relevantes em sua contribuição.

O debate entre o investigador, entre os membros da equipe e entre esta e seus professores ou orientadores e outros profissionais poderá suscitar temas de grande interesse para pesquisar, através da indicação de lacunas, pontos não esclarecidos ou questões polêmicas sobre determinadas matérias.

De qualquer modo, o engajamento pessoal do investigador ou da equipe será a mais rica fonte de inspiração para a escolha do tema.

3.1.2 VALIDAÇÃO DO TEMA PARA A PESQUISA

Nem tudo que é interessante é importante; nem tudo que é importante é exeqüível; nem tudo que é exeqüível é interessante!

As considerações citadas evidenciam que a importância do tema de uma pesquisa é relativa, dependendo do posicionamento e interesse específicos do investigador.

Assim, todo projeto deve indicar a percepção do investigador quanto à relevância, à originalidade e à aplicabilidade do tema escolhido. Essa etapa define, freqüentemente, a liberação de verbas ou a concessão de bolsas de estudo (quando se trata de pesquisa de âmbito acadêmico) e corresponde à venda do projeto, em termos de sensibilização da comunidade e da empresa à qual se destina, visando à sua realização.

Um exercício útil para definir a validade de um tema é adotar a análise de sua importância e de sua possibilidade por meio de três critérios: **MMI – mais ou menos importante, MME – mais ou menos exeqüível e MMO – mais ou menos original**.

A partir da elaboração de uma listagem de temas, cumpre verificar, com apoio dessa abordagem crítica, se é possível estabelecer uma situação de trabalho na qual se trabalhará ao **mesmo tempo** um tema importante, original e plenamente exeqüível, ou um esclarecimento quanto à prioridade de um dos dois primeiros quesitos sobre os demais, já que a exeqüibilidade deve sempre ser garantida. Assim, é preciso verificar:

- O tema escolhido representa uma inovação na área em que se insere?

- Qual sua importância, nesse momento, para essa área? (Em linguagem empresarial a pergunta poderia ser: qual a relação custo-benefício?)

- É possível explicá-lo (comunicá-lo) claramente para outros?

- Há limitações para que ele possa ser desenvolvido e pesquisado? Quais?

- Qual sua aplicabilidade ou necessidade? Preenche lacunas no conhecimento disponível? Se obtido, permitirá alterar algum processo, diminuir seu custo, aumentar sua eficiência, solucionar um problema existente? Enriquecer uma área do conhecimento?

- O prazo disponível para a pesquisa é suficiente para coletar todas as informações necessárias e desenvolver o trabalho de maneira adequada?

- Os recursos disponíveis são suficientes? (ao mencionar recursos deve-se ter em mente os materiais e humanos).

O resultado desse questionamento certamente auxiliará em muito a redução da lista, até chegar à explicitação de um único tema que atenda aos quesitos necessários para passar à etapa seguinte, de formulação do problema.

3.1.3 FORMULAÇÃO DO PROBLEMA

Fazer ciência é buscar respostas para problemas. Quando se investiga cientificamente um problema, é fundamental defini-lo e colocá-lo de modo que seja abordável com técnicas científicas.

A definição do problema resulta de um trabalho delimitador da área de abrangência da pesquisa, indica sobre o que versará o trabalho e norteará a coleta de dados. O problema deve especificar quem abordará e em que contexto e de que ponto de vista o assunto será abordado. Sua formulação final deve ser explicitada sob forma de pergunta, de tal modo que qualquer pessoa, não envolvida com a pesquisa, seja capaz de entendê-lo claramente. Após sua formulação, serão elaboradas respostas presumidas, ou seja, hipóteses.

Deve-se evitar, na formulação do problema, o uso de termos gerais ou vagos, de interpretação ambígua, valendo-se sempre de palavras e expressões de sentido exato. Alguns autores denominam esse processo de especificação do significado dos termos contidos na formulação do problema como **definição operacional dos termos ou das variáveis** que compõem o problema, que consiste, em termos práticos, em limitar e descrever exatamente como deverá ser entendido um conceito naquele determinado contexto de pesquisa. Assim, por exemplo, ao trabalhar-se, em uma pesquisa, com a variável: **desempenho acadêmico**, é preciso acrescentar a ela a especificação com que será entendida no projeto de pesquisa, a fim de viabilizar o próximo passo da pesquisa, que é medir esse termo ou variável (no caso do exemplo, pode-se considerar que o desempenho acadêmico é o rendimento que o aluno apresenta no desenvolvimento de uma determinada disciplina, do ponto de vista do grau de aprendizado demonstrado).

Após a especificação do significado dos termos ou variáveis da pesquisa, cumpre escolher os **indicadores**.

Um termo ou variável pode corresponder a vários indicadores, os quais, em conjunto, permitirão a sua mensuração.

Assim, no caso do exemplo, após a definição de desempenho acadêmico como o "rendimento demonstrado pelo aluno no desenvolvimento de uma disciplina", é preciso relacionar indicadores capazes de mensurar este rendimento. Uma forma de aferir o desempenho pode ser, por exemplo, pelas notas nas avaliações ou pela assiduidade, pontualidade, pela quantidade de vezes em que o mesmo formula questões durante uma aula, pelo cumprimento das tarefas propostas, etc. Podem ser relacionados vários indicadores para um único termo ou variável. Cada um, isoladamente, não abarca plenamente o seu significado, e pode assumir um peso diferente em sua mensuração final, de acordo com o objetivo e posicionamento do pesquisador. No exemplo citado, a nota da avaliação pode assumir peso maior ou menor do que a participação em sala, em duas pesquisas distintas, dependendo dos interesses das pesquisas, mesmo que em ambas os mesmo indicadores sejam utilizados.

Isto explica as diferenças que se pode encontrar em diferentes pesquisas que trabalham mesmas variáveis.

3.2 FORMULAÇÃO DE HIPÓTESES

Toda pesquisa tem sua origem em um problema a ser resolvido e para o qual se estabelece uma conjectura, ou seja, uma idéia pensada como solução ou resposta para o problema.

Hipótese é uma suposição que se faz para explicar o que se desconhece. É uma resposta possível para o problema, sempre apresentada de maneira afirmativa. Por se tratar de uma explicação sobre a qual não se tem certeza (uma conjectura), é provisória e necessita verificação. Além das explicações provisórias, a hipótese **funciona como indicadora do caminho a seguir na busca da "solução"**.

Uma hipótese deve ser redigida de maneira clara, inequívoca, sem cair em paradoxos e de modo que permita sua demonstrabilidade.

Os termos que compõem a hipótese devem ser definidos da mesma forma como indicado no item anterior, quando da referência à definição operacional de termos ou variáveis e à seleção dos indicadores.

Um único problema pode gerar várias hipóteses, e aquelas que não são comprovadas são, em geral, abandonadas.

Com base nas hipóteses, é elaborado um plano para coletar dados que conduzirão à conclusão da pesquisa. Sua verificação permite explicar o fenômeno analisado ou solucionar o problema formulado. Esse será o assunto do próximo capítulo. Os dados necessários à pesquisa são os próprios indicadores relacionados pelo pesquisador.

Metodologia
Processo de Produção, Registro e Relato do Conhecimento

Capítulo 4

TIPOS DE PESQUISA, TÉCNICAS DE COLETA DE DADOS, ANÁLISE E INTERPRETAÇÃO

A natureza do questionamento do problema abordado e dos objetivos da investigação determina o tipo de pesquisa a ser elaborada. Em decorrência do tipo de pesquisa, são escolhidas as melhores ferramentas para o trabalho, isto é, as técnicas de coleta de dados que melhor se ajustam à natureza da tarefa.

Várias opções se apresentam. O investigador ou a equipe de trabalho pode escolher, segundo critérios distintos, algumas em detrimento de outras, levando em conta suas vantagens e desvantagens, conforme se examinará na seqüência deste capítulo.

Quanto ao **tipo de questionamento** formulado, a pesquisa pode ser classificada como: **exploratória, descritiva** e **experimental** ou **causal**. Quanto à sua **finalidade**, pode ser classificada como: **quantitativa** ou **qualitativa.**

O trabalho final pode resultar da combinação de vários tipos de pesquisa: descritiva, experimental ou causal. Qualquer que seja o método, a coleta de dados deve ser feita cuidadosamente, a fim de garantir informações consistentes e adequadas ao problema investigado.

- **Pesquisa quantitativa:**

É o tipo de pesquisa que se apóia em medidas e cálculos mensurativos. "Ela prevê a mensuração das variáveis preestabelecidas, procurando verificar e explicar sua influência sobre outras mediante análise da freqüência de incidência e correlações estatísticas" (CHIZZOTTI, 2000, p. 52).

- **Pesquisa qualitativa:**

Comparada à pesquisa quantitativa, trabalha com visão mais focada na profundidade, enquanto a quantitativa, na extensão. Não se apóia na extensão da amostra ou número de informantes, mas na riqueza e no detalhamento extraídos destas.

Busca entender não apenas o fato ou fenômeno estudado, mas também o contexto dentro do qual se desenvolve. O foco do trabalho qualitativo é conhecer o significado que se confere ao objeto estudado, pontos de vista, processos, percepções, abstrações, enfim, a **perspectiva dos participantes da situação estudada**. Com mais frequência, essa finalidade aplica-se às pesquisas exploratórias (de diagnóstico) ou descritivas, porém tanto as pesquisas exploratórias quanto as descritivas ou experimentais, que serão definidas a seguir, poderão ter como objetivo a obtenção de resultados qualitativos e/ou quantitativos.

4.1 TIPOS DE PESQUISA

4.1.1 PESQUISA EXPLORATÓRIA

A pesquisa exploratória busca **formular diagnósticos** sobre determinado fenômeno ou processo. É o que fazem os médicos, por exemplo, quando, a partir dos sintomas do paciente, diagnosticam sua doença. O objetivo dessa pesquisa é formular de modo preciso um problema e hipóteses. Procura explorar todas as dimensões possíveis de um problema e é considerada como a etapa inicial para outros tipos de pesquisa. É adequada quando não se dispõe de amplo e sólido conhecimento anterior sobre a matéria estudada.

Esse tipo de pesquisa emprega sempre técnicas de coleta de dados flexíveis, uma vez que não pode focalizar com precisão quais dados serão importantes ou não aos seus propósitos. O médico, por exemplo, não pode desprezar nenhum sintoma observado no paciente até que formule, com base neles, o seu diagnóstico e então possa perceber se algum deles nada tem que ver com a doença do paciente. As respostas encontradas nesse tipo de pesquisa são a definição sobre **o que ocorre**.

4.1.2 PESQUISA DESCRITIVA

A pesquisa descritiva busca **descrever**/narrar/classificar características de uma situação e estabelece conexões entre a base teórico-conceitual existente ou de outros trabalhos já realizados sobre o assunto e os fatos coletados. Esse tipo de pesquisa pressupõe uma boa base de conhecimentos anteriores sobre o problema estudado, já que a situação-problema é conhecida, bastando descrever seu comportamento. As respostas encontradas nesse tipo de pesquisa informam **como** determinado problema ocorre.

4.1.3 PESQUISA EXPERIMENTAL OU CAUSAL

Conforme Chizzotti (2000, p. 26):

> [...] a pesquisa experimental parte da análise de um fenômeno delimitado sobre o qual formula hipóteses prévias [...] e métodos explícitos de verificação, submete o fenômeno à experimentação em condições de controle, [...] a fim de fazer generalizações e elaborar teorias explicativas do fenômeno observado.

Rudio (2004, p. 60) completa:

> [...] o *experimento* é uma situação criada em laboratório, com a finalidade de observar, sob controle, a relação que existe entre fenômenos. O termo *controle* serve para indicar os esforços feitos para se eliminar ou, pelo menos, reduzir ao mínimo possível os erros que possam surgir numa observação. Estes esforços são concretizados na forma de procedimentos, que visam *isolar* a observação, de fatores ou influências capazes de nela intervir, falseando-a. Num sentido mais amplo, chama-se também de experimento a situações criadas, mesmo fora do laboratório, mas onde são utilizadas técnicas rigorosas, com o objetivo de exercer controle sobre as variáveis que vão ser observadas.

A pesquisa experimental é a mais complexa a ser desenvolvida, tendo em vista a necessidade de amplo conhecimento prévio do pesquisador a respeito das características do fenômeno que deseja investigar. Ela sucede às duas formas de pesquisa anteriormente indicadas, partindo de uma definição clara sobre "o que ocorre? – como ocorre?", e dedica-se à investigação do "por que (o fenômeno já identificado e descrito) ocorre?"

4.1.4 ESTUDO DE CASO

O estudo de caso tem as mesmas características de uma monografia: **é a descrição escrita de um assunto da maneira como ele se apresenta (ou ocorre) na realidade, com começo, meio e fim**, ou seja, uma introdução, um desenvolvimento e uma conclusão.

É muito importante não haver confusão entre situações, condições e fatos apresentados a título de **exemplos** (que muitas vezes são chamados de *cases*), para ilustrar ou reforçar um assunto, com um **estudo de caso**. Por representar uma **situação singular** da realidade bem delimitada, o estudo de caso não deve ser entendido como um simples exemplo.

O estudo de caso deve permitir um confronto entre o conhecimento teórico acumulado sobre o tema e os aspectos da realidade que explora. O trabalho do investigador tornará evidente o conhecimento que se pode obter a partir da análise de um caso. Também pode ser entendido como paradigma, modelo, esquema ou referência sobre como atuar, aplicar teorias, conceitos, processos, idéias.

Características do estudo de caso:

- Tem a realidade como fonte direta de informações para o pesquisador, ou seja, pressupõe o contato do pesquisador com o ambiente e a situação que está sendo analisada. Isso significa que deve ser levado em consideração o contexto (tempo, região, história etc.) em que se situa;

- Visa à descoberta de novos aspectos, dimensões ou elementos, ligados a um fato relevante, retratando uma situação real de maneira completa;

- Apresenta uma variedade de informações (história de sua formação, estruturas, projetos, processos, opiniões de pessoas, relato de experiências) que ajudam a compô-lo;

- Permite que os dados sejam apresentados de maneira variada, tais como esquemas, gráficos, desenhos, fotos, resultados de debates; e sua descrição e apresentação devem ser autorizadas.

Enfim, como afirma Goldenberg (2002, p. 33), o estudo de caso "não é uma técnica específica, mas uma análise holística, a mais completa possível, que considera a unidade [...] estudada como um todo", para que se tenha um entendimento de suas peculiaridades. Qualquer das técnicas de coleta de dados pode ser utilizada para os estudos de casos; as mais freqüentes são as entrevistas e a observação direta, complementadas por uma análise documental.

4.2 TIPOS DE DADOS

Não se pode pesquisar sem coletar dados, mas também de nada serve dispor de uma enorme quantidade de dados se não se possui um plano daquilo que se deve fazer com eles. Os dados **são todas as informações relacionadas ao problema e às hipóteses da pesquisa**, utilizados pelo pesquisador durante a elaboração do trabalho. Podem ser quantitativos, opinativos, teóricos, conceituais ou históricos.

Há várias fontes possíveis de dados, que, basicamente, são classificados em **primários** e **secundários**.

A utilização de um ou de outro tipo de dado dependerá da natureza do problema investigado, da **disponibilidade, facilidade de acesso, confiabilidade** e **credibilidade** das fontes.

4.2.1 DADOS SECUNDÁRIOS

São todos os dados já disponíveis, acessíveis através de consulta à literatura e/ou outros documentos; são chamados secundários por já terem sido, anteriormente, elaborados e registrados com finalidade específica para a pesquisa que os gerou e registrou. Não foram compilados em primeira mão pelo investigador que está se servindo deles, daí sua denominação de secundários. Pode-se encontrar dados secundários na web, em livros, teses, dissertações, artigos, tabelas, gráficos, esquemas etc., elaborados por entidades de pesquisa ou associações de classe, universidades, entre outros.

Hoje a sociedade vive problemas advindos do excesso de informação. Não se trata de excesso de informação em si, mas da velocidade com que é possível transmitir informações e em que é possível absorvê-la. Uma forma adequada para lidar com essa questão é separar informação útil de informação inútil. O pré-requisito, para isso, é não perder de vista os objetivos a alcançar na pesquisa, isto é, saber exatamente aonde se quer chegar.

Por isso, relacionar os dados já disponíveis, passíveis de serem aproveitados em um novo projeto, é uma regra a ser seguida em qualquer pesquisa. Isso permite usar atalhos em direção à finalização da pesquisa, já que dispensará o retrabalho de levantar uma informação já disponível em alguma fonte. Nesse caso, o papel do investigador é checar se **os critérios adotados** pelo investigador que compilou aqueles dados na pesquisa anterior estão de acordo com o **nível de rigor** exigido para um trabalho científico, além de conferir se os **objetivos** com que foram selecionados se encaixam nos seus propósitos.

Assim, ao servir-se de dados secundários, o pesquisador deve ter o cuidado de verificar se há **compatibilidade entre os fins de pesquisa que geraram aqueles dados disponíveis e os de sua pesquisa**, se há informações precisas sobre a forma como foram compilados e registrados e se são suficientemente atuais para utilização em novo contexto.

4.2.1.1 COMO COLETAR DADOS SECUNDÁRIOS:

De uma forma geral, a análise documental pode fornecer informações relevantes para melhor definição de uma questão-problema ou para a verificação de hipóteses. Além disso, os documentos podem ser complementos poderosos para a confirmação de conceitos, teorias e fatos ligados ao objeto de estudo.

4.2.1.2 INSTRUMENTOS PARA REGISTRO DA COLETA DE DADOS SECUNDÁRIOS:

Recomenda-se que a leitura de livros e artigos ou a análise documental, de maneira geral, sejam registradas na forma de uma **ficha-resumo** (ver glossário), feita com a indicação de páginas ou a transcrição de passagens que possam ser aproveitadas para citações. Ou, ainda, que seja feita uma **ficha-bibliográfica** (ver glossário), com breves comentários sobre o texto todo e as indicações completas dos autores, edição etc. Essas fichas são especialmente úteis para trabalhos em grupo, nos quais a leitura pertinente pode ser dividida entre os integrantes, resumida e comentada individualmente pelos participantes e depois difundida para todos.

4.2.2 DADOS PRIMÁRIOS

São os dados extraídos da realidade em primeira mão pelo investigador, não se encontrando, portanto, registrados em outro documento.

Coletar dados primários requer análise, escolha e planejamento; define-se a técnica, delimita-se o espaço, período de tempo para a coleta e determina-se quem serão os informantes.

4.2.2.1 O USO DE AMOSTRAGEM

Como é impossível obter informações sobre todos os fatos e indivíduos que se relacionem ao objeto de pesquisa, deve-se, primeiramente, limitá-los a uma parte que seja representativa, ou seja, selecionar uma **amostra**.

A amostragem **permite trabalhar com uma parte do que se deseja conhecer**. O objeto de conhecimento é a **população** ou o **universo** de conhecimento. A população é, então, o conjunto de fatos, indivíduos, processos, objetos passíveis de serem investigados. Em alguns casos é impossível observar ou questionar toda uma população, daí porque se recorre às **amostras**.

> A marca de um bom pesquisador é o engenho com que escolhe o momento e o local de testar sua teoria e sua parcimônia no uso de seu tempo e de seus auxiliares [...]. O teste inteligentemente concebido e as amostras habilmente planejadas identificam o pesquisador de talento (CASTRO, 1977, p. 80).

A amostra, portanto, refere-se a alguns elementos de certa população. Como define Rudio (2004, p. 50), "uma parte representativa dela [...] selecionada de acordo com uma regra ou plano". Se todos os elementos de um grupo fossem idênticos, não haveria necessidade de selecionar amostras, pois bastaria conhecer um deles para obter as características de todo o grupo. Os grupos compostos de elementos heterogêneos devem ser reduzidos a uma amostra. O grande desafio está em definir uma amostra que apresente a mesma regularidade, estrutura ou composição da população. Por exemplo, se um pesquisador sobre logística quisesse conhecer o processo em todos os supermercados brasileiros, teria muito trabalho na coleta de dados e encontraria diferenças significativas entre todos eles. Mesmo que a estrutura da área de logística fosse semelhante em todos os casos, haveria diferenças regionais, culturais, de resultados financeiros, entre outras, que certamente acabariam por interferir no processo de distribuição ou armazenagem de produtos etc.

Basicamente, há dois tipos de amostras: as **probabilísticas** e as **não-probabilísticas**.

Diz-se que são probabilísticas quando qualquer elemento da população, por sorteio, pode ser representado na amostra com a probabilidade definida, por exemplo, 50% de chances de participar e 50% de chances de não participar.

As amostras não-probabilísticas são aquelas em que os elementos são definidos aleatoriamente até que se considere que a amostra tem um bom tamanho e "[...] não existe segurança de que todos os elementos tenham alguma oportunidade de serem incluídos" (SELLTIZ, 2001, p. 577).

4.2.2.1.1 OUTRAS CLASSIFICAÇÕES PARA CADA UMA DELAS:

- **Probabilística casual simples**: quando é dado a cada elemento da população a mesma oportunidade de ser incluído; por exemplo, todos os supermercados que tenham exatamente 20 funcionários na área de logística;

- **Probabilística casual estratificada**: é aquela baseada em critérios que resultam em dois ou mais estratos, como, por exemplo, sexo, que pode incluir elementos do sexo masculino ou feminino;

- **Não-probabilística acidental**: é formada por elementos escolhidos aleatoriamente dentro do universo selecionado. Por exemplo, no estudo sobre logística em supermercados, seriam visitados quaisquer supermercados em qualquer cidade do Brasil que tivessem o nome "XXXX";

- **Não-probabilística intencional**: é formada por elementos que apresentam características predefinidas, isto é, com requisitos predeterminados em virtude dos resultados que se deseja obter. Essas características podem ser de tempo, idade, sexo, geográficas, financeiras, entre outras. Por exemplo, a amostra do estudo de logística poderia definir para pesquisa apenas os supermercados com serviço de entrega em domicílio em um raio de 20 km de sua localização, situados no Estado de São Paulo, em cidades com mais de 2 milhões de habitantes.

4.2.2.2 INSTRUMENTOS PARA COLETA DE DADOS PRIMÁRIOS:

Uma vez definida a amostra a ser pesquisada, ou até mesmo uma combinação delas, deve-se selecionar, elaborar e testar os instrumentos de coleta adequados, que podem ser: roteiros para **entrevistas pessoais**, **questionários** ou roteiro para **observações**. Esses instrumentos podem ser aplicados através de contato pessoal, telefone, envio de mala-direta, Internet ou gravação áudio-visual.

4.2.2.2.1 ENTREVISTAS:

A entrevista requer cuidadoso planejamento, levando em conta uma eventual situação de insegurança, irritação, falta de tempo, desconhecimento, dificuldade de memória do entrevistado diante das questões propostas para responder.

Como regra, é aconselhável deixar claro ao entrevistado o objetivo da pesquisa, por que e por quem está sendo feita. Também é muito importante ter cuidado em relação à objetividade das perguntas, sua quantidade e pertinência.

Somar ao relato verbal do informante a observação direta de suas reações garante uma avaliação mais consistente sobre a fidedignidade de suas afirmações. Em uma entrevista, o investigador pode perceber claramente a receptividade, a segurança e o entendimento quanto ao que está sendo perguntado, o que se torna mais difícil, por exemplo, na opção pela adoção do questionário como instrumento de coleta de dados.[1]

---

[1] Essa técnica pode não ser vantajosa, pois requer investimento necessário para sua utilização em termos de tempo e recursos financeiros, mais altos do que na opção pelo questionário, por exemplo, uma vez que só pode ser realizada individualmente, requerendo um entrevistador preparado e bem treinado, capaz de conduzir esse processo dialogado, afinado com os objetivos da pesquisa.

- **Entrevistas estruturadas e não-estruturadas:**

A entrevista é uma técnica de coleta de dados flexível, permitindo esclarecimentos e adaptações durante sua realização. Em geral, é realizada face a face ou por telefone. Pode ser estruturada ou não-estruturada.

A entrevista **não-estruturada** é a que não obedece, em seu desenvolvimento, a uma ordem preestabelecida e rígida na formulação de questões aos entrevistados; estes, ao discorrerem livremente sobre o tema, podem ser incentivados pelo entrevistador a complementar sua exposição. A melhor maneira de registrar as respostas de uma entrevista não-estruturada é gravá-las por meio eletrônico.

A entrevista **estruturada** é a que segue um roteiro ou formulário (normalmente com questões abertas) predeterminado. Requer também a presença do entrevistador durante sua realização, mas é desenvolvida com o objetivo de obter informação de todos os informantes do mesmo modo, para posterior tabulação, comparando as respostas dadas. Trabalha, portanto, com um *script* predefinido e do qual o entrevistador não deve fugir.

Estrevista **semi-estruturada é aquela em que** o entrevistador se apóia apenas em um roteiro. Essa forma de entrevista se desenvolve iniciando-se por um esquema básico no qual há espaço para adaptações ou improvisações necessárias no momento em que é realizada. Seu registro também pode ser feito através de gravação eletrônica, garantindo a fidedignidade das respostas, caso necessitem ser transcritas. Em alguns casos o entrevistado pode responder às questões por escrito.

A decisão sobre a forma mais adequada de entrevista a ser utilizada decorre do conhecimento prévio do investigador acerca do que pode obter de informação do entrevistado e de seu grau de conhecimento acerca do fenômeno estudado.

4.2.2.2.2 QUESTIONÁRIOS:

Os questionários são instrumentos adequados para a obtenção de dados primários, tanto para a pesquisa quantitativa quanto para a qualitativa.

Compõem-se de perguntas estruturadas, previamente formuladas e impressas segundo uma ordem preestabelecida, com espaços indicados para registro das respostas. Podem ser entregues pessoalmente aos informantes ou enviados pelo correio ou pela Internet para serem respondidos.

A vantagem reside no baixo custo e no alcance de um grande número de informantes simultaneamente. Um único investigador ou técnico pode aplicar muitos questionários ao mesmo tempo, o que é impossível na opção pela técnica da entrevista.

Os questionários podem incluir apenas questões abertas ou fechadas (com alternativas fixas, de múltipla escolha ou com escala) ou combinar partes de cada tipo de formulação.

Eis alguns exemplos:

- Questão aberta: Em qual bairro você reside?

- Questão fechada com alternativas fixas: Você gosta de refrigerante do tipo *light*? ( ) Sim   ( ) Não   ( ) Não sei

- Questão fechada de múltipla escolha: A escova de dente mais macia é: a) nº 1 b) nº 2 c) nº 1 e 2, igualmente, d) nenhuma delas apresenta a maciez a que estou habituado.

Dois exemplos de questões fechadas com escala:

- Na sua opinião, o grau de maciez da escova de dente nº 1 é (assinale o grau que mais corresponde a sua opinião):
  [   ] 4. muito macia
  [   ] 3. macia
  [   ] 2. pouco macia
  [   ] 1. nada macia

- Enumere as opções abaixo de acordo com o grau de importância de cada requisito na sua escolha de uma escova de dente: 1) mais importante; 2) muito importante; 3) importante; 4) pouco importante; 5) sem importância
  [   ] maciez das cerdas
  [   ] espessura das cerdas
  [   ] comprimento do cabo
  [   ] formato da escova
  [   ] preço

Alguns cuidados são recomendados na elaboração de questionários, a saber:

- Ter clareza quanto aos objetivos da pesquisa, para não desperdiçar questões que podem não conduzir ao fim desejado;

- Ficar atento à extensão do questionário e ao trabalho que pode significar respondê-lo;

- Evitar perguntas tendenciosas ou ambíguas;

- Evitar perguntas que incluam termos técnicos ou jargão profissional de uso restrito, salvo se os informantes forem rigorosamente selecionados e houver plena segurança de que conhecem esses termos;

- Ter grande cuidado com a adequação da linguagem a ser empregada;

- Utilizar intervalos, tabelas ou estratos para inserção de respostas a perguntas que possam causar embaraço;

- Utilizar a opção "outros" para respostas fixas, sempre que possível;

- Utilizar, de preferência, questões fixas, sempre que a totalidade de respostas possíveis seja previsível ou no caso em que seja possível, para o pesquisador, discriminar claramente as categorias de resposta que lhe interessam;

- Deixar para o final do questionário as questões de ordem pessoal, capazes de causar algum tipo de constrangimento, tal como rendimentos, uma vez que, nesse momento, os respondentes já estarão mais familiarizados com o assunto e mais confiantes para falar de si mesmos.

- **Pré-teste:**

Tão importante quanto planejar e elaborar um questionário ou um roteiro de entrevista é realizar o pré-teste, aplicando-o a uma pequena amostra (similar à amostra da pesquisa) da população. A finalidade é testar sua validade, verificando que mudanças são necessárias para ampliar sua eficácia em face do fim proposto. Essa atividade deve ser realizada sob a forma de entrevista; o informante, após a aplicação do pré-teste, deve ser incentivado pelo investigador a emitir suas opiniões sobre o instrumento utilizado, apontando pontos que podem ser melhorados em termos de forma, conteúdo e seqüência. Podem e devem ser realizados tantos pré-testes quantos forem necessários até que um roteiro de questões seja considerado pronto para a coleta de dados propriamente dita.

O Anexo B apresenta um guia para a construção de questionários ou roteiros de entrevistas.

4.2.2.2.3 OBSERVAÇÃO:

Esta é outra técnica de coleta de dados primários que exige planejamento cuidadoso. As pessoas estão sempre observando o que ocorre à sua volta. Entretanto, ela só se torna uma técnica cientificamente válida se obedecer a um planejamento, esquema de registro e plano de análise. Deve-se determinar com antecedência o que vai ser observado e como fazê-lo, como registrar o que vai ser observado e indicar qual será a participação do pesquisador nesse processo. A observação pode ser **participante** ou **não-participante, sistemática** ou **assistemática.**

A observação é **participante** quando o pesquisador efetivamente está presente em uma situação de estudo, acompanhando o que de fato é vivido pelo grupo cujas reações deseja conhecer. Assim, por exemplo, ele pode posicionar-se como cliente para saber quanto tempo demora a fila de um supermercado.

A vantagem de se empregar essa forma de observação é captar a situação a ser estudada com todas as suas nuances; o observador pode intervir, provocar determinada reação para observar; não precisa aguardar que algo aconteça espontaneamente para poder observar; ele está perto e pode, além de presenciar, entender por que algo ocorre de um modo particular.

A desvantagem dessa forma de observação reside em um possível conflito de papéis no qual o observador pode perder objetividade em sua análise. No caso de participação no grupo através da adoção de um papel determinado, o observador perde a possibilidade de deslocar-se de maneira livre sob pena de ter sua "identidade" descoberta. Sua participação no grupo, como um de seus integrantes, vai requerer ações, responsabilidades e posicionamento definido, dificultando ou até mesmo impedindo a realização de sua tarefa de pesquisador.

A observação é **não-participante** quando o investigador se coloca apenas como um espectador que não interfere na situação observada.

A vantagem dessa forma de observação é que ela libera o investigador, ao contrário da forma anterior, de desempenhar um papel junto ao grupo pois envolve somente a observação de pessoas, deixando-o à vontade para se colocar da forma que melhor julgar para observar a situação.

A desvantagem é o risco de o investigador alterar, com sua presença, a espontaneidade da situação de observação escolhida, pois as pessoas envolvidas podem se sentir intimidadas com a presença de um profissional especialmente colocado nessa função.

A observação é **sistemática** quando focaliza uma situação específica, segue um plano definido para sua realização e dispõe de um conjunto objetivo de categorias para registro e classificação dos dados obtidos.

Na observação **assistemática,** os registros são mais gerais; os fenômenos são observados à medida que ocorrem; o investigador não pode predeterminar o foco de sua atenção; tudo pode ser significativo e importante. É preciso ficar atento a "tudo", o que tecnicamente é impossível. A observação é sempre seletiva e depende dos valores de referência do investigador. A riqueza dessa forma de observação reside na possibilidade de ampliação do quadro de referência do pesquisador. Novas idéias e fatos podem ser incorporados à investigação, seja para comprovar uma hipótese, seja para refinamento de uma questão-problema.

De modo geral, a observação é uma técnica adequada para o estudo de fenômenos sociais ou seja, para a compreensão de manifestação de comportamentos e atitudes. Embora muito útil para obtenção de informações, essa técnica apresenta algumas restrições no que se refere ao grau de objetividade do observador e à delimitação do momento e do período de tempo de observação necessária do fenômeno, a fim de que sejam coletadas impressões representativas sobre esse fênomeno.

Alguns cuidados são recomendados no planejamento da observação, a saber:

- Definir claramente e orientar os investigadores sobre a forma de conduta a ser seguida e a forma de delimitação do campo a ser observado;

- Selecionar a situação ou o grupo de pessoas a serem observadas;

- Quando possível, indicar o local, a data e o horário precisos da realização da observação, principalmente se forem fatores relacionados ao fenômeno estudado, no sentido de influenciá-los ou serem influenciados por eles;

- Definir a freqüência e a duração da observação;

- Definir as categorias para análise dos registros;

- Confrontar o registro de vários observadores para garantir a precisão da observação.

4.3 TRATAMENTO DAS INFORMAÇÕES COLETADAS

Qualquer que seja a técnica escolhida para a obtenção dos dados necessários à explicação do problema, estes precisam ser organizados e sintetizados. Para cada técnica de coleta de dados, há um tratamento adequado.

4.3.1 ORGANIZAÇÃO DOS DADOS SECUNDÁRIOS

As leituras devem ser analisadas sob a óptica da pertinência em relação ao problema e à verificação das hipóteses elaboradas. Assim, é aconselhável que se faça uma seleção daquilo que será aproveitado e que tenha relação direta com o tema abordado, para que posteriormente seja incluído nas referências bibliográficas.

No caso de documentos de difícil acesso ou que tenham pouca divulgação ou, ainda, muito específicos, deve-se apresentá-los na forma de anexos.

O fruto do recorte das leituras sobre o tema deve ser encadeado no desenvolvimento do trabalho de maneira seqüencial e lógica, permitindo que o **leitor** acompanhe, passo a passo, a construção da argumentação montada pelo investigador, que se apoiará, sempre que necessário, na evidência colhida dos dados compilados, que serviram de alicerce ou endosso de seu raciocínio.

Torna-se imperativo que o investigador construa seu raciocínio com coerência lógica e se apóie nas evidências. A credibilidade de suas colocações vai depender da credibilidade das fontes selecionadas e da transparência com que se referir a elas em seu texto. As leituras realizadas devem ser apresentadas na forma de um texto corrido, cuja riqueza de detalhes, clareza e seqüência devem ser definidas pelo investigador.

4.3.2 ORGANIZAÇÃO DOS DADOS PRIMÁRIOS

4.3.2.1 QUESTIONÁRIOS:

Se a pesquisa for realizada através de dados coletados por questionários de questões fechadas, estas devem ser tabuladas, isto é, cada questão terá sua resposta computada segundo um critério de classificação preestabelecido, que, no caso das questões fechadas, é quase sempre a própria alternativa de resposta; o resultado dessa contagem será disposto de maneira lógica, para que sua leitura e compreensão sejam facilitadas. São recomendáveis, nesses casos, tabelas, gráficos ou histogramas.

Caso o instrumento utilizado para a coleta inclua questões abertas, é fundamental definir categorias para classificar as respostas obtidas, e, em seguida, tabular as respostas de acordo com as questões. A definição do princípio de classificação é determinada segundo os interesses da pesquisa. Assim, por exemplo, se desejamos descobrir quanto e se a localização de um estabelecimento comercial é fator determinante de escolha por parte do cliente, ao perguntar por que escolheu determinado local para fazer compras, é possível abrir mão de todos os fatores de escolha que forem apontados com exceção do local e classificá-los conjuntamente na categoria: "outros", ao lado da categoria que expresse "localização".

4.3.2.2 ENTREVISTAS:

Se a pesquisa for realizada através de entrevistas, as questões formuladas também devem ser tabuladas e, a exemplo das questões abertas dos questionários, classificadas em categorias segundo critérios estabelecidos em consonância com os objetivos da pesquisa. Vale ressaltar a importância da sensibilidade do investigador na forma de registro das respostas para a inserção nas categorias predefinidas de análise e a transparência com que as incluirá em seu trabalho.

4.3.2.3 OBSERVAÇÃO:

Se a pesquisa extraiu dados através de um plano de observação, estes devem ser criteriosamente registrados para compor um texto corrido construído sobre o eixo do trabalho, mostrando como cada elemento da realidade que foi observada contribui para responder ao problema central da pesquisa ou comprovar a suposição apresentada na hipótese.

Também aqui vale a regra quanto à necessidade de elaboração de um texto cuja riqueza de detalhes, clareza e seqüência devem ser definidas pelo investigador.

4.4 ANÁLISE E INTERPRETAÇÃO DOS DADOS

4.4.1 ANÁLISE

Seja qual for a técnica utilizada para a coleta de dados, o objetivo dessa etapa é responder ao problema da pesquisa e verificar se as hipóteses elaboradas (respostas presumidas para o problema investigado) são verdadeiras.

A compilação dos dados secundários, das respostas às entrevistas ou questionários, ou o registro das situações observadas devem fornecer a resposta ao problema e permitir verificar a validade das hipóteses da pesquisa.

Se a pesquisa for quantitativa, o trabalho pode ser feito com apoio de recursos estatísticos. Nesse caso, o tratamento estatístico dos dados coletados exige conhecimentos específicos para a análise e interpretação dos resultados, o que poderá ser facilitado através do uso de programas especialmente desenvolvidos para esse fim. Assim, médias, desvios, variâncias, relações, probabilidades ou margens de erro podem ser processados com o auxílio de ferramentas eletrônicas.

No caso de uma pesquisa qualitativa, a etapa da análise dos dados exige várias releituras da massa de dados obtidos pela coleta: depoimentos e registros de observação de pessoas ou situações. Nesse caso, a etapa da análise deve se desenvolver com a montagem de um texto no qual se encaixarão as evidências coletadas, dando às idéias uma força testemunhal que poderá definir se as hipóteses elaboradas são verdadeiras ou falsas.

4.4.2 INTERPRETAÇÃO

A interpretação dos dados destaca as principais descobertas da pesquisa e é a fase na qual o pesquisador deve usar sua capacidade de relacionar os resultados com a problemática inicial (problema e hipóteses) e argumentar contra ou a favor. Muitas vezes, um bom trabalho de pesquisa perde-se por não alcançar uma boa interpretação das informações obtidas. Convém lembrar sempre que um dado não fala por si mesmo. Ele deve ter o seu poder e o seu significado desvendado pelo pesquisador.

Metodologia
Processo de Produção, Registro e Relato do Conhecimento
Capítulo 5

A ESTRUTURA DA MONOGRAFIA

5.1 CONCEITO

Uma monografia é um tipo de documento adequado à comunicação dos resultados obtidos em uma pesquisa científica. Há vários tipos de documentos que compõem esse registro, identificados de acordo com sua natureza e finalidade. A monografia permite a abordagem de um mesmo assunto sob diferentes aspectos: científicos, históricos, técnicos, econômicos, artísticos, entre outros. É uma dissertação lógica sobre um tema, fundamentada em dados coletados de fontes confiáveis. Apresenta, ainda, comentários e conclusão do autor (ou autores) sobre o tema discutido.

Simplificando, trata-se de uma dissertação sobre um único assunto, como seu próprio nome diz: MONO = único e GRAFIA = escrita.

Uma monografia é um relato analítico escrito em que constam observações, pesquisa bibliográfica e descrições, inter-relacionadas de modo consistente. Pode valer-se de outros "suportes", como, por exemplo, linguagem falada, imagens, música etc. No entanto, o que garante a preservação da memória e a exatidão do relato em termos científicos é a forma escrita.

A proposta de uma monografia é sempre "falar muito sobre pouco" e não "falar um pouco sobre tudo". Profundidade, detalhamento, análise crítica e fundamentação são quesitos essenciais a um trabalho dessa natureza.

Em termos conceituais, o conhecimento não se produz de maneira ordenada e logicamente encadeada. O ser humano pensa o problema ao mesmo tempo em que delineia possíveis soluções; avalia caminhos para verificação enquanto pensa na viabilidade econômico-financeira das técnicas para investigá-lo e no tempo de que dispõe para apresentar resultados. Enquanto lê o material que ampliará seu domínio sobre o tema, reformula a questão central sobre a qual pretende direcionar seus esforços de pesquisa.

Pode-se dizer que o pensamento não se desenvolve da maneira como é registrado e, se não for adotada uma forma padronizada de fazê-lo, será impossível compartilhar e promover a difusão do conhecimento.

Por isso, esse processo de percepção dos fenômenos e criação de idéias requer formatação capaz de transformá-lo em um registro de fácil entendimento, tanto em relação à linguagem quanto à seqüência lógica.

Em termos práticos, **uma monografia é** um trabalho que:

- documenta a observação e a coleta de informações de maneira organizada;

- estabelece as relações e as regularidades possíveis entre as informações e as observações registradas;

- assinala as indagações sobre os porquês dessas relações;

- cataloga de maneira adequada as leituras e as experiências de comprovação efetuadas;

- comunica os resultados da investigação aos interessados no tema abordado.

Em outros termos, **uma monografia não é**:

- repetição do que já foi dito por outro, sem que nada de novo seja acrescentado em relação ao enfoque, às informações coletadas ou às conclusões a que se chega;

- resposta a uma espécie de questionário, semelhante ao que se faz em exames ou deveres escolares, manifestando opiniões pessoais que não se fundamentem em dados comprobatórios relacionados de maneira lógica e coerente;

- manifestação de erudição livresca, com citações de frases e fontes irrelevantes, não pertinentes e distanciadas.

5.2 ESTRUTURA BÁSICA DA MONOGRAFIA

A monografia é estruturada basicamente em três partes: pré-textual, textual e pós-textual. A sequência a ser seguida está indicada no quadro 5.1.

Quadro 5.1: Ordem das partes do trabalho.

PRÉ-TEXTUAL
Capa
Lombada
Folha de rosto
Ficha catalográfica
Errata
Folha de aprovação
Dedicatória
Agradecimentos
Epígrafe
Resumo
Resumo em língua estrangeira
Lista de ilustrações
Lista de tabelas
Lista de abreviaturas e siglas
Lista de símbolos
Sumário

TEXTUAL
Introdução
Desenvolvimento
Conclusão

PÓS-TEXTUAL
Referências bibliográficas
Glossário
Apêndices
Anexos
Bibliografia

5.2.1 PRÉ-TEXTUAL

Refere-se aos elementos que antecedem o texto principal do trabalho. Inclui alguns itens obrigatórios e outros opcionais, a critério do investigador. São eles, pela ordem:

5.2.1.1 CAPA (obrigatório): **é a página que identifica o trabalho**. Apresenta, no topo da página, o nome da instituição e, em linhas seguintes, o nome do departamento que se vincula o trabalho (se for o caso), a identificação do tipo de trabalho (Monografia, Trabalho de Conclusão de Curso ou Projeto de Pesquisa (conforme o caso), a identificação da turma e o nome do curso, o título do trabalho (e o subtítulo, se houver), o(s) nome(s) completo(s) do(s) autor(es) (alunos), o(s) nome(s) completo(s) do(a) professor(a) coordenador(a)/orientador(a) ou professor(a) responsável e, na parte inferior da página, o local, o mês e o ano de apresentação do trabalho. Ver nos Anexos A e C, respectivamente, os modelos de capas para Projeto de Pesquisa e para Trabalho de Conclusão de Curso.

5.2.1.2 FOLHA DE ROSTO (obrigatório): nela aparece, pela ordem (ver Anexo D):
Nome da instituição;
Nome do departamento;
Natureza do trabalho (tese, dissertação, monografica, etc.);
Título do trabalho;
Subtítulo (se houver, precedido por 2 pontos);
Nome do(s) autor(es);
Nome do(s) orientador(es);
Local;
Ano.

5.2.1.3 FICHA CATALOGRÁFICA: deve aparecer no verso da folha de rosto (ver o exemplo da ficha catalográfica constante deste guia).

5.2.1.4 ERRATA (opcional): se incluída, deve constar depois da folha de rosto. É a lista de erros na qual indica-se as páginas e linhas em que aparecem, seguidas das devidas correções, em papel avulso ou encartado, acrescido ao trabalho depois de impresso.

5.2.1.5 FOLHA DE APROVAÇÃO (obrigatório): página na qual a banca examinadora registra o resultado da avaliação (nota) do trabalho. Nela aparece (ver anexo E):
Instituição;
Nome do departamento;
Natureza do trabalho;
Título do trabalho;
Subtítulo (se houver);
Nome do(s) autor(es);
Objetivo de realização do mesmo (finalidade);
Data da aprovação (deixar espaço para inclusão manuscrita);
Nome, titulação e assinatura dos componentes da banca examinadora (se não forem previamente informados, deixar espaços para preenchimento manuscrito);
Data da aprovação (deixar espaço para inclusão manuscrito).

5.2.1.6 DEDICATÓRIA (opcional): geralmente apresenta um texto curto, no qual o(s) autor(es) dedica(m) o trabalho a alguém. Caso seja utilizada em conjunto com o agradecimento (a seguir), deve necessariamente precedê-lo.

5.2.1.7 AGRADECIMENTO (opcional): relaciona agradecimentos às pessoas que tenham contribuído para o sucesso do trabalho.

5.2.1.8 EPÍGRAFE (opcional): citação relacionada ao trabalho com a indicação de autor (ver página 7 deste guia).

5.2.1.9 RESUMO (obrigatório): é uma síntese informativa do trabalho (assunto, metodologia, resultados e principais conclusões) redigida em poucas linhas, que apresenta uma visão rápida e clara do conteúdo e conclusões do trabalho. O resumo deve ser incluído após a dedicatória/agradecimento ou logo após a folha de rosto. **O resumo deve incluir, no mínimo, três palavras-chave** (obrigatório), que auxiliam na identificação do assunto.

5.2.1.10 RESUMO EM LÍNGUA ESTRANGEIRA (obrigatório): em geral redigido em inglês.

5.2.1.11 SUMÁRIO (obrigatório): nele devem ser relacionadas todas as partes textuais e pós-textuais do trabalho, com a indicação das respectivas nomenclaturas e páginas, que devem corresponder exatamente à ordem de apresentação em que se encontram dentro do trabalho. É importante destacar que no sumário deverão constar apenas títulos, subtítulos e subdivisões até o 5º nível, descartando-se as alíneas e os marcadores.

5.2.1.12 LISTA DE SÍMBOLOS (opcional): é a lista de símbolos utilizados e seus respectivos significados. Segue a ordem de apresentação do texto.

5.2.1.13 LISTA DE ILUSTRAÇÕES (opcional): é o rol de elementos ilustrativos ou explicativos. Elementos que podem ser relacionados: tabelas, gráficos, figuras (como desenhos, gravuras, mapas, fotografias, logotipos), na mesma ordem em que são citadas no trabalho, com indicação da página onde estão localizadas.

5.2.1.14 LISTA DE ABREVIATURAS E SIGLAS (opcional): é a relação em ordem alfabética das abreviaturas e siglas utilizadas na publicação, seguidas de sua significação por extenso.

5.2.2 TEXTUAL

Refere-se a todos os elementos que compõem o corpo principal do trabalho, a saber:

- **Introdução** (obrigatório): é a primeira parte da estrutura textual, cujo conteúdo é praticamente o mesmo do Projeto de Pesquisa, na forma de **texto descritivo**, **sem itemização**. Desse modo, a introdução conterá: a apresentação do tema e do problema de pesquisa, sua importância no contexto atual e na área de conhecimento a que pertence, as hipóteses em relação ao problema escolhido, o objetivo do trabalho, a metodologia adotada (isto é, a escolha da(s) técnica(s) de coleta e tipo(s) de dado(s)), as dificuldades ou limitações com que o(s) autor(es) se deparou(raram) durante a coleta de dados ou durante a realização da pesquisa e, finalmente, a apresentação de cada capítulo de maneira resumida;

- **Desenvolvimento dos capítulos** (obrigatório): é o conjunto dos capítulos do trabalho, que apresenta, de maneira lógica e seqüencial, as informações coletadas sobre o tema, bem como as análises elaboradas pelo(s) autor(es), relacionando essas informações com os objetivos do trabalho. O desenvolvimento é o processo de explicação do problema e das hipóteses levantadas. Nessa parte é feita a revisão teórico-conceitual, delineado o cenário (histórico/estrutural) da situação estudada, sintetizados os resultados de pesquisas documentais e de campo efetuadas. Os dados são apresentados de maneira analítica e crítica e podem ser comparados com outros resultados que os confirmem ou neguem. Essa é a parte da discussão, da argumentação. Não se trata, ainda, do seu fechamento, o que fica para a conclusão;

- **Conclusão** (obrigatório): é a última parte da estrutura textual do trabalho. **Deve ser sucinta, não admitindo novos assuntos**. Tem como função apresentar as respostas ou solução ao problema proposto. Na conclusão, a análise **deve estar fundamentada nos dados e nas informações reunidas na etapa de desenvolvimento**. Nem sempre uma conclusão é a resposta final sobre o problema tratado. Ao contrário, **uma boa conclusão deve deixar portas abertas para novas propostas de pesquisa sobre o tema abordado**.

5.2.3 PÓS-TEXTUAL

São os elementos que vêm após o corpo da monografia. Recebem esta denominação por conterem informações que, embora não sejam indispensáveis para o entendimento do trabalho, são complementares.

- **5.2.3.1 REFERÊNCIAS BIBLIOGRÁFICAS** (obrigatório): é a parte da estrutura pós-textual do trabalho na qual o grupo deverá relacionar e classificar por ordem alfabética **todas as obras efetivamente utilizadas e citadas ao longo do trabalho**: livros, dicionários, enciclopédias, artigos de jornais e revistas, manuais, apostilas, teses, dissertações, outros trabalhos acadêmicos ou fornecidos por entidades e empresas. Os elementos essenciais de uma referência são aqueles indispensáveis para a identificação de publicações em qualquer trabalho: autor, título, edição, local, editora e data.

- **5.2.3.2 WEBGRAFIA**: é a seleção dos *sites* **efetivamente visitados e citados no trabalho**, cujas informações devem ser inseridas em ordem alfabética. As normas técnicas não especificam sua inclusão separadamente das referências bibliográficas, porém a autora entende que este modo facilita a sua visualização. Ver no capítulo 6 (no quadro 6.3 e nos itens 6.6.2 e 6.7.5) a forma recomendada para inseri-la no trabalho.

- **5.2.3.3 GLOSSÁRIO**[3] (opcional): consiste de uma lista, em ordem alfabética, de palavras ou expressões técnicas de uso restrito ou de sentido obscuro, utilizadas no texto e acompanhadas das respectivas definições.

---

[3] ABNT, NBR 14724, 2002.

5.2.3.4 APÊNDICE(S) (opcional): elemento que consiste em texto ou documento elaborado pelo autor com o objetivo de complementar as explicações apresentadas no trabalho. Os apêndices são identificados por letras maiúsculas consecutivas, seguidos de travessão e respectivos títulos.

5.2.3.5 ANEXO(S) (opcional): são documentos que ajudam a reforçar as idéias ou exemplificá-las, porém, se apresentados no desenvolvimento do trabalho, podem quebrar sua seqüência.

Exemplos de anexos: documentos difíceis de serem obtidos, reprodução do formulário do questionário para coleta de dados (em branco) ou do roteiro elaborado para entrevista, entre outros, que forem de fato necessários.

Os anexos, quando inseridos, devem ser citados no corpo do trabalho, para que o leitor possa localizar exatamente quando o autor acrescentou alguma informação que possa ser complementada. Sua inclusão deve respeitar a ordem seqüencial do trabalho. Ver, como exemplo, a disposição dos anexos neste guia.

5.2.3.6 BIBLIOGRAFIA (opcional): é a relação completa das obras sobre determinado assunto **que podem ou não ser utilizadas na elaboração do trabalho**; material sugerido para complementação de informações recomendado pelo autor.

Capítulo 6

APRESENTAÇÃO GRÁFICA DO TRABALHO

O trabalho deve seguir determinadas normas estabelecidas para sua elaboração e apresentação, seqüência das partes e formatação gráfica.

As normas existem para auxiliar a organização das idéias e sua forma de exposição. Observá-las, permite enquadrar o trabalho dentro dos padrões para publicação de trabalhos acadêmicos.

As orientações aqui contidas foram definidas para atender às necessidades de padronização dos trabalhos de conclusão da instituição de ensino na qual atua a autora, com o objetivo de serem práticas e compatíveis com as normas da ABNT para esse tipo de trabalho.

6.1 A LINGUAGEM

É importante seguir algumas recomendações sobre a linguagem a ser utilizada na redação do texto.

Um trabalho acadêmico deve ter "estilo redacional", que é diferente dos estilos literário, poético, artístico e mesmo da linguagem cotidiana, o que não significa que deva ser pomposo ou seco.

A linguagem deve ser **simples, clara e direta**, expressando as idéias e argumentos, sem, no entanto, desrespeitar a chamada norma culta da língua portuguesa. Trata-se de uma questão de estética redacional, equilíbrio entre as idéias, linguagem técnica e o texto que as registra.

Redação confusa, com uso inadequado de termos ou pontuação, pode dar margem à dupla interpretação ou não favorecer a compreensão do leitor. O que se diria, por exemplo, se um relatório policial fosse escrito da seguinte forma: "Na chegada da polícia o cadáver encontrava-se rigorosamente imóvel."?

A linguagem do trabalho deve levar em conta alguns cuidados, a saber:

- **Evitar personalismos**, pois certo distanciamento evita a subjetividade que pode comprometer o modo de apresentar os resultados e diminuir a clareza das idéias que se quer transmitir;

- **Evitar palavras estrangeiras** sempre que houver uma palavra em português que tenha o mesmo significado (por exemplo, *case* e caso). É uma maneira de não passar a impressão de pedantismo ou esnobismo. O estrangeirismo é permitido para aquelas áreas em que os termos técnicos em outra língua sejam de domínio e uso corrente entre seus profissionais, como acontece, por exemplo, com a área de Marketing, em que a utilização da palavra *case* tem um sentido específico e de uso generalizado, ou, ainda, com as áreas financeira ou de informática. Quando utilizados, devem ser grafados em itálico;

- **Termos técnicos** de domínio e uso restrito **devem ser explicados** em nota de rodapé ou no corpo do texto, se isso não atrapalhar a seqüência. O mesmo vale para **siglas**, que também **devem ter uso controlado** e, sempre que possível, **ser acompanhadas** (uma única vez) **de explicação** sobre seu significado;

- **Nas referências ao grupo** (no caso de trabalhos realizados em equipe) **e ao trabalho**, usar a **3ª pessoa do singular** garante maior objetividade de tratamento. Assim sendo, deve-se dizer "este trabalho trata de...", "durante a pesquisa o grupo constatou...", em vez de "nosso trabalho..." ou "constatamos";

- **Evitar adjetivos** em demasia, por exemplo: descrever "esse **maravilhoso** processo..." ou falar sobre "o **grande** sucesso do empreendimento..." ou "o **importantíssimo** resultado...", entre outros;

- **O uso de gírias e expressões vulgares não é adequado**, a menos que entrem na descrição de determinadas situações, garantindo a exatidão da informação, como, por exemplo, na transcrição da resposta dada por algum entrevistado. Nesse caso, deve-se recorrer à expressão latina [**sic**], entre colchetes, que quer dizer que o texto original é assim mesmo. Esse também é um **recurso para indicar que erros de grafia ou outros, em um texto transcrito**, foram encontrados de tal forma no texto original. Veja os exemplos a seguir: na opinião de um dos entrevistados, "escova de dente da hora [sic] tem que ser macia", ou conforme resposta a um questionário: "um produto ou serviço de qualidade precisa atender aos requisitos do conssumidor [sic], entre outros". No primeiro exemplo, a expressão "da hora" e, no seguinte, a palavra "conssumidor" – com dois esses – foram escritas dessa forma no texto original e assim transcritas. Esses são apenas alguns cuidados em relação à redação.

Mesmo quando realizado em equipe, é oportuno que o trabalho, depois de digitado, seja lido por uma pessoa que não faça parte do grupo, a fim de conferir a clareza e a adequação às normas da língua portuguesa.

Recomenda-se, ainda, que, ao redigir, o autor ou o grupo de trabalho procure identificar o perfil do público leitor: seu interesse, necessidades e familiaridade em relação ao assunto que está sendo abordado.

Eis um roteiro para conferir a redação do trabalho:

- O texto pode ser lido com facilidade?

- Os pontos principais foram enfatizados?

- Falta alguma idéia essencial?

- Existem erros de coerência?

- Existem erros de ortografia ou concordância?

- O significado de cada sentença está correto?

- As sentenças longas são realmente necessárias? Constituem a melhor forma de expressar as idéias do trabalho?

- O estilo, o vocabulário, as abreviações, os símbolos e as ilustrações estão adequados?

6.2 USO DE ASPAS E DOS ESTILOS ITÁLICO, SUBLINHADO E NEGRITO

- Recomenda-se o emprego de **aspas duplas** ("xxxx") para destacar transcrições de textos, especificamente as citações curtas.

- Empregam-se **aspas simples** ('xxxx') para destacar uma palavra, termo ou frase dentro de um texto com aspas duplas.

- Aplica-se *itálico* para destacar palavras ou frases em língua estrangeira.

- Aplica-se o <u>sublinhado</u> para destacar *links*, tal como empregados na WEB.

- O uso do estilo **negrito** é adequado para destacar títulos, subtítulos, subdivisões, alíneas, bem como para elucidar termos, palavras importantes e expressões que requeiram destaque.

6.3 PAPEL, MARGENS E FONTES

- **Papel utilizado**: formato A4 (210 x 297mm), branco e que tenha boa qualidade de absorção da tinta.

- **Margens**[1]: devem ter as seguintes medidas: superior: 3,0 cm; inferior: 2,0 cm; esquerda: 3,0 cm; direita: 2,0 cm;

- **Fonte** (letra): as mais utilizadas são Arial ou Times New Roman, tamanho 12.

- **Estilo da fonte**: estilo normal (sem negrito) – deverá ser aplicado em todos os parágrafos: corpo de texto da dedicatória, agradecimento, resumo, sumário, introdução, desenvolvimento do trabalho, conclusão, glossário, referências bibliográficas, bibliografia e listas de ilustrações, abreviaturas, siglas etc., se incluídas, bem como na folha de rosto. Todo texto, com exceção dos dados da capa/folha de rosto e nomes dos capítulos e subtítulos (que devem ser em negrito – ver tópico a seguir). O tema do trabalho na folha de rosto deve ser digitado em maiúsculas sem negrito.

---

[1]ABNT, NBR 14.724:2002.

- **Negrito**: utilizar fonte em estilo **negrito** para todas as informações da capa, nome da instituição e do departamento na folha de rosto e aprovação, títulos dos capítulos, subtítulos (1.1, 1.2 ...) subdivisões (1.1.1, 1.1.2 ...), alíneas (a, b, c), e **títulos dos elementos pré e pós-textuais,** bem como em palavras, trechos, expressões etc., cujo destaque seja realmente importante.

6.4 PAGINAÇÃO

A paginação deve ser seqüencial, e a contagem das páginas começa n**a folha de rosto e não na capa**, porém o número da página deve iniciar apenas na página de Introdução, no cabeçalho, à direita.

Deve-se iniciar cada parte do trabalho (cada capítulo) em uma nova página, mesmo que sobre espaço ao final de um capítulo, na página anterior.

6.5 FORMATAÇÃO DAS PARTES (TÓPICOS) QUE COMPÕEM O TRABALHO

6.5.1 TÍTULOS

Cada **capítulo deve ser numerado seqüencialmente em algarismo arábico** (1, 2, 3, ...) seguido do seu título (nome) e o alinhamento, na margem esquerda da página, a 6,0 cm da borda superior, em MAIÚSCULAS, fonte 14, em negrito (ver indicações no quadro 6.1)

No caso dos títulos: **Dedicatória e Agradecimento** – nas respectivas páginas **é facultativo digitá-los**. Se a opção for inseri-los, deverão seguir a formatação conforme indicado no quadro 6.1.

Os elementos pré e pós-textuais seguem a mesma regra mas não devem ser numerados.

Os **Anexos** não precisam seguir a formatação estabelecida para as partes e capítulos do trabalho, apenas **devem ser enquadrados no formato A4 e seguirem a paginação** do trabalho. É usual destacá-los do restante do trabalho através da inserção de uma página com o título – ANEXOS.

6.5.2 SUBTÍTULOS, SUBDIVISÕES E ALÍNEAS

Os subtítulos são numerados seqüencialmente em algarismos arábicos, e devem respeitar a seqüência do capítulo em que estão inseridos (Capítulo 1, subtítulo 1.1, 1.2 ...), em negrito, fonte 12, alinhados à esquerda.

As subdivisões são itens "dentro de" cada subtítulo e não deverão ultrapassar o 5º nível, por exemplo: Capítulo 1, subtítulo 1.1 e subdivisão 1.1.1 e assim sucessivamente.

Caso haja **necessidade de novos tópicos**, **após a subdivisão**, deverá partir para o uso de **alíneas**, por exemplo: **a), b), c)...** e depois disso deve-se usar marcadores (ver exemplo de numeração de subtítulos, subdivisões e alíneas ao longo do trabalho e respectiva formatação no quadro 6.1).

No sumário devem constar apenas os itens com até cinco subdivisões; as alíneas não devem fazer parte do sumário (veja o sumário deste guia).

Não utilizar ponto, hífen, travessão ou qualquer sinal após o indicativo da seção ou de um título.

6.5.3 MARCADORES

O **marcador** escolhido como mais conveniente para indicar tópicos pertinentes a determinado assunto, ou subalíneas, deverá ser padrão em todo o trabalho. (Ver instruções para formatação no quadro 6.1)

6.5.4 ORIENTAÇÕES PARA FORMATAR OS TÓPICOS QUE COMPÕEM A ESTRUTURA DO TRABALHO

O quadro 6.1 traz algumas orientações sobre a formatação das fontes, espaçamentos, recuos e numerações, para a digitação do trabalho.

Quadro 6.1: Formatando fontes, parágrafos, linhas, recuos e espaços.

Nível	Tamanho da Fonte	Estilo da Fonte	Recuo, deslocamento, espaçamento de entrelinhas e alinhamento	Numeração dos capítulos, títulos, subtítulos, subdivisões e alíneas
Nome da instituição e departamento na capa (Projeto e TCC) e nas folhas de rosto e aprovação	16	Caixa alta e baixa e negrito	Sem recuo e com espaçamento de entrelinhas de 1,5, alinhamento centralizado na página	–
Identificação do tipo de trabalho, nome do curso e título do trabalho na capa	14	Maiúsculas, em negrito	Sem recuo e com espaçamento de entrelinhas de 1,5, alinhamento centralizado na página	–
Nomes dos autores do trabalho, coordenador, orientador, local, mês e ano na capa	12	Caixa alta e caixa baixa, em negrito	Sem recuo e com espaçamento de entrelinhas de 1,5, alinhamento centralizado na página	–
Título do trabalho nas folhas de rosto e aprovação	12	Maiúsculas, em negrito	Sem recuo e com espaçamento de entrelinhas de 1,5, alinhamento centralizado na página	–
Nome dos autores do trabalho e demais textos nas folhas de rosto e aprovação	12	Caixa alta e baixa, normal	Sem recuo e com espaçamento de entrelinhas de 1,5, alinhamento à esquerda, em bloco	–
Títulos dos capítulos e dos elementos pré e pós textuais	14	Maiúsculas, em negrito	Sem recuo, a 6,0 cm da borda, espaçamento de entrelinhas 1,5, alinhamento na margem à esquerda	Numerar os capítulos em arábicos: 1, 2, 3. Elementos pré e pós textuais não são numerados

Nível	Tamanho da Fonte	Estilo da Fonte	Recuo, deslocamento, espaçamento de entrelinhas e alinhamento	Numeração dos capítulos, títulos, subtítulos, subdivisões e alíneas
Subtítulos (dois níveis)	12	Caixa alta e caixa baixa, em negrito	Sem recuo e com espaçamento de entrelinhas de 1,5, alinhamento na margem à esquerda	1.1, 1.2, 2.1, 2.2...
Subdivisões (máximo 5 níveis) e alíneas (letras que substituem o 6° nível de subdivisão)	12	Caixa alta e caixa baixa, em negrito	Sem recuo e com espaçamento de entrelinhas de 1,5, alinhamento na margem à esquerda	1.1.1, 1.1.2, 2.1.1, 2.1.1.1... a), b), c)...
Marcadores	12	Caixa alta e caixa baixa, em negrito	Recuo esquerdo de 1,5, deslocamento de 0,6, espaçamento de entrelinhas de 1,5, alinhamento em bloco após o marcador	Escolha o marcador e o "submarcador" de sua preferência e utilize-os como padrão no trabalho. Exemplo:? ● e -
Corpo de texto: desenvolvimento do trabalho e resumo	12	Caixa alta e caixa baixa normal. Usar negrito apenas em palavras cujo destaque seja necessário	Recuo de 1,5, na 1ª linha do parágrafo, espaçamento de entrelinhas de 1,5 e alinhamento justificado	–
Corpo de texto: sumário, listas	12	Caixa alta e caixa baixa, normal	Sem recuo e com espaçamento simples, com um espaço entre blocos de capítulos	–
Corpo de texto:glossário, referências bibliográficas, webgrafia e bibliografia	12	Caixa alta e caixa baixa, normal	Espaçamento simples	–
Corpo de texto: Dedicatória, agradecimento e epígrafe	12	Caixa alta e caixa baixa, normal	Espaçamento simples	–

Nível	Tamanho da Fonte	Estilo da Fonte	Recuo, deslocamento, espaçamento de entrelinhas e alinhamento	Numeração dos capítulos, títulos, subtítulos, subdivisões e alíneas
Citações literais no corpo do texto (até 3 linhas)	12	Acompanha a formatação dos parágrafos em que estiverem inseridas	Acompanha a formatação dos parágrafos em que estiverem inseridas, entre aspas	
Citações literais longas (mais de 3 linhas) em parágrafo específico	10	Caixa alta e caixa baixa, normal	Recuo esquerdo de 4,0, sem recuo de 1ª linha de parágrafo, com espaçamento de entrelinhas simples, sem aspas	
Paráfrase	12	Caixa alta e caixa baixa, normal	Acompanha a formatação dos parágrafos em que estiverem inseridas, sem aspas	
Nome e numeração de tabelas, quadros, gráficos, ilustrações e respectivas fontes de referência	10	Caixa alta e caixa baixa, normal	Alinhamento centralizado	Número seqüencial no capítulo: no Capítulo 1 a 1ª figura será 1.1 e o 1º gráfico será 1.1, no Capítulo 2 a figura será 2.1, o gráfico será 2.1, 2.2,...
Conteúdo de tabelas/quadros	De 10 a 12 dependendo do conteúdo	Normal	Texto: alinhamento justificado ou à esquerda Valores/números: alinhamento à direita Títulos das colunas: alinhamento centralizado	
Notas de rodapé	10	Caixa alta e caixa baixa, normal	Sem recuo, alinhadas à esquerda na margem, com espaçamento de entrelinhas simples	As notas devem estar na mesma página onde requeridas e iniciam-se em 1 em cada capítulo
Paginação	10	Normal	Alinhamento à direita no cabeçalho	Ver item 6.4

6.6 NORMAS GERAIS PARA A ELABORAÇÃO DAS REFERÊNCIAS BIBLIOGRÁFICAS, WEBGRAFIA E BIBLIOGRAFIA

6.6.1 REFERÊNCIAS BIBLIOGRÁFICAS

Como mencionado no Capítulo 5, o item das referências bibliográficas **é obrigatório** e deve ser inserido na parte da estrutura pós-textual do trabalho, após a conclusão ou anexos (se houver). Nesse item deverão ser relacionadas em ordem alfabética **todas as obras efetivamente utilizadas e referenciadas ao longo do trabalho**.

Livros, artigos de jornais e revistas, dicionários, teses, apostilas, manuais, entre outras publicações consultadas e citadas ao longo do trabalho, deverão ser relacionados no item REFERÊNCIAS BIBLIOGRÁFICAS, para informar ao leitor, com precisão, as fontes de informação da pesquisa. Essa relação permite, também, uma visão geral das obras em relação ao tema, o que pode servir de referência para trabalhos futuros[2].

As referências devem obedecer à seguinte ordem:

- **Autor**: deve-se iniciar pelo último sobrenome, em letras maiúsculas, separado por vírgula do primeiro nome e por ponto do título da obra;

SEVERINO, Antonio Joaquim.

- **Título da publicação**: deve ser grafado em **negrito**, separado do número da edição por ponto final;

SEVERINO, Antonio Joaquim. **Metodologia do trabalho científico**.

- **Subtítulo**: se houver não deve ser grafado em negrito e deve ser separado do título por dois pontos;

GOLDENBERG, Mirian. **A arte de pesquisar**: como fazer pesquisa qualitativa em ciências sociais.

- **Número da edição**: quando mencionada na obra, deve estar imediatamente após o título, na seguinte forma: 22 ed. (quando for 1ª edição não precisa mencionar);

SEVERINO, Antonio Joaquim. **Metodologia do trabalho científico**. 22 ed.

---

[2] O site da ABNT, <www.abnt.org.br>, disponibiliza normas digitais apenas a pessoas ou empresas que possuam licença para uso exclusivo. Recomenda-se consultar a biblioteca da instituição de ensino e verificar se ela dispõe dessas normas nesse formato.

- **Local de publicação**: deve ser apresentado como aparece na obra, separado dos elementos seguintes por dois pontos. Caso haja mais de um local de edição, só o primeiro deve ser citado. Se não houver indicação, usa-se a expressão (S.l.) (sem local) e, caso sua indicação não esteja clara, coloca-se entre colchetes: [São Paulo]. Deve ser grafado apenas o nome da cidade, sem indicação do Estado (essa indicação só deve aparecer no caso de haver cidades homônimas);

SEVERINO, Antonio Joaquim. **Metodologia do trabalho científico**. 22 ed. São Paulo:

- **Editora**: deve ser citada tal como se encontra na obra e, no caso de co-edições, citam-se os nomes das editoras mencionadas, separando-os dos demais elementos por vírgula. Se não houver indicação da editora, usa-se a expressão (S.e.) (sem editora). Deve-se suprimir a palavra editora, indicando-se apenas o nome dela.

SEVERINO, Antonio Joaquim. **Metodologia do trabalho científico**. 22 ed. São Paulo: Cortez,

- **Data**: deve-se indicar o ano da publicação, seguido de ponto final. Caso este não apareça na obra, deve-se usar a expressão (S.d.) (sem data); se a data estiver indicada de maneira indireta, deve ser escrita entre colchetes: [1986]; se a data encontrada der margem a dúvidas, ela deve ser escrita entre colchetes e com um ponto de interrogação: [1986?]. No caso de publicações periódicas, deve-se escrever o dia, o mês de maneira abreviada (jan., mar., abr., exceto maio) e o ano. Caso a forma de referência adotada para o trabalho seja no corpo do texto, a data de publicação deve vir logo após o sobrenome do autor.

SEVERINO, Antonio Joaquim. **Metodologia do trabalho científico**. 22 ed. São Paulo: Cortez, 2002.

As obras devem ser relacionadas em uma única ordem alfabética, pelo sobrenome dos autores ou título da obra (desconsiderando-se artigos o, a, um, uma), obedecendo-se à forma adotada na referência[3].

O quadro a seguir apresenta as abreviaturas para substituir algum dado faltante nas referências bibliográficas.

---

[3] ABNT, NBR 6023: 2002.

Quadro 6.2: Lista de abreviaturas empregadas nas referências bibliográficas/bibliografia.

Abreviatura	Significado
(S.l.)	Sem local (quando não indicar o local)
(S.e.)	Sem editora (quando não indicar o nome da editora)
(S.d.)	Sem data (quando não indicar o ano da publicação)
(S.l.; S.e.; S.d.)	Sem local, sem editora e sem data (separação por ponto e vírgula)
	Sem edição – não inserir nenhuma abreviatura. Nota: Quando uma obra estiver na sua 1ª edição, também não é necessário dar essa informação

No quadro a seguir constam as instruções e os exemplos básicos de formatação conforme a norma da ABNT – NBR 6023 (2002), que dispõe sobre as regras para compor/formatar as referências bibliográficas/bibliografia. Foram utilizadas, além da ABNT, outras fontes de consulta[4] para sua montagem.

Quadro 6.3: Instruções e exemplos para formatação das referências bibliográficas, webgrafia e bibliografia.

No caso de	Exemplos
Obra com um autor, dois autores e até três autores	Um autor: SOBRENOME, Nome. **Título da obra**. Edição. Local: Nome da editora, ano. Dois autores: SOBRENOME, Nome; SOBRENOME, Nome. **Título da obra**. Edição. Local: Nome da editora, ano. Três autores: SOBRENOME, Nome; SOBRENOME, Nome; SOBRENOME, Nome. **Título da obra**. Edição. Local: Nome da editora, ano. Nota: Nos casos com mais de um autor, dispõem-se os nomes dos autores na mesma ordem em que são mencionados no livro.
Mais de três autores	SOBRENOME, Nome et al. **Título da obra**. Edição. Local: Nome da editora, ano.

---

[4] LAKATOS e MARCONI (2001); MEDEIROS (2000); SEVERINO (2002); TACHIZAWA (1999); <www.admbrasil.com.br/abnt.htm> (2005); versão digital das normas ABNT sob licença para a Fundação Armando Alvares Penteado (FAAP).

No caso de	Exemplos
Autor repetido e obra diferente ou autor e título da obra repetidos	SOBRENOME, Nome. **Título da obra**. Edição. Local: Nome da editora, ano. _____. **Título da obra**. Edição. Local: Nome da editora, ano. Observação: No caso de obras diferentes escritas pelo(s) mesmo(s) autor(es), mencionar uma vez o(s) nome(s) do(s) autor(es) e a partir da segunda menção substituir por um traço (seis *underlines*). SOBRENOME, Nome. **Título da obra**. Edição. Local: Nome da editora, ano. _____._____. Edição. Local: Nome da editora, ano. Observação: Se o(s) autor(es) e o(s) título(s) forem repetidos, mas a edição for diferente, serão utilizados dois traços (seis *underlines cada um*), sendo um em substituição do nome do autor e outro, da obra, separados por um ponto.
Autoria desconhecida	**TÍTULO**. Edição. Local: Nome da editora, ano. Observação: Inicia-se pelo título da obra em letras maiúsculas negritadas. O termo "anônimo" não deve ser usado em substituição ao nome desconhecido.
Sobrenome que indica grau de parentesco	SOBRENOME JÚNIOR, Nome. **Título da obra**. Edição. Local: Nome da editora, ano.
Pseudônimo	PSEUDÔNIMO (Nome e sobrenome). **Título da obra**. Edição. Local: Nome da editora, ano. Nota: Caso se saiba o nome, este deverá estar entre parênteses logo após o pseudônimo.
Sobrenome composto	ESPÍRITO SANTO, Nome. **Título da obra**. Edição. Local: Nome da editora, ano.
Título de obra com subtítulo, mais de um título ou título longo	Com subtítulo: SOBRENOME, Nome. **Título da obra**: subtítulo da obra. Edição. Local: Nome da editora, ano. Mais de um título: A entrada é feita pelo título mais destacado ou, se não houver destaque, pelo que aparecer primeiro na monografia. Título longo: Pode ser abreviado, substituindo-se as partes suprimidas por reticências entre colchetes.
Séries e coleções	Séries e coleções: SOBRENOME, Nome. **Título da obra**. Edição. Local: Nome da editora, ano. (nome da coleção, volume)
Enciclopédias e dicionários	TEMA CONSULTADO. In: OBRA. Edição. Local: Nome da editora, ano.

No caso de	Exemplos
Responsável intelectual: Organizador (Org.), Coordenador (Coord.), Editor (Ed.), Compilador (Comp) e Tradução (Trad.)	Para obras que englobam contribuições de vários autores, a entrada deve ser feita pelo responsável pela publicação: SOBRENOME, Nome. (Org.). **Título da obra**. Edição. Local: Nome da editora, ano. SOBRENOME, Nome. (Coord.). **Título da obra**. Edição. Local: Nome da editora, ano. SOBRENOME, Nome. (Ed.). **Título da obra**. Edição. Local: Nome da editora, ano. SOBRENOME, Nome. (Comp.). **Título da obra**. Edição. Local: Nome da editora, ano. SOBRENOME, Nome. (Trad.). **Título da obra**. Edição. Local: Nome da editora, ano. SOBRENOME, Nome. **Título original**. Traduzido por: Nome e Sobrenome. **Título traduzido**. Edição. Local: Nome da editora, ano.
Parte do livro e publicações (capítulos, fragmentos e volumes)	Mesmo autor do capítulo (entre outros) e do livro: SOBRENOME, Nome. **Título da obra**: Título do Capítulo. Edição. Local: Nome da editora, ano. Autor do livro difere do autor do capítulo: SOBRENOME, Nome. **Título da obra**. In: Nome do autor do capítulo **Título do capítulo**. Edição. Local: Nome da editora, ano.
Publicações seriadas (periódicos, revistas, jornais)	TÍTULO DA PUBLICAÇÃO. **Título da parte consultada**. Local: Nome da editora, v. 00, nº 00, mês, ano.
Publicação considerada no todo (suplementos, números especiais, fascículos inteiros)	Jornal (considerado no todo) – com ou sem autor: SOBRENOME, Nome. **Título da matéria**: e subtítulo (se houver), Nome do jornal, local de publicação, seção, caderno ou parte do jornal, dia/mês/ano e paginação correspondente. Com autor: SOBRENOME, Nome. **Título da matéria**: e subtítulo (se houver). Nome do jornal. Local. Seção, caderno ou parte, dia/mês/ano e paginação correspondente. Sem autor: TÍTULO da Matéria. **Nome do jornal**. Local. Seção, caderno ou parte, dia/mês/ano e paginação correspondente.
Publicações consideradas em parte (fascículos, suplementos, números especiais)	Artigos de revistas e jornais sem autor(es): TÍTULO da matéria. **Nome do jornal, revista etc.** Local. Data da publicação, p. 00, dia/mês/ano. Artigos de revistas e jornais com autor(es): SOBRENOME, Nome. **Título do artigo**. Nome do jornal, revista etc. Local: mês, n. xx, p. xx, ano da publicação. Suplementos ou seções de jornais: SOBRENOME, Nome. **Título da matéria**. Nome do jornal. Local, Seção consultada, dia/mês/ano da publicação.

No caso de	Exemplos
Teses de Doutorado, Dissertações de Mestrado e Monografias	A indicação bibliográfica segue a mesma formatação geral, acrescentando-se ao final, entre parênteses, o tipo de trabalho e a instituição onde foi elaborado: SOBRENOME, Nome. **Título do trabalho**. Local, ano do trabalho, número de páginas e volumes. Tipo de trabalho sem parênteses, ou seja, o grau e a área de concentração, se é tese, dissertação, monografia etc. (e entre parênteses o nível: Pós, doutorado, mestrado), nome da instituição e local.
Documentos oficiais	Leis: BRASIL. **Constituição (1988)**. Constituição da República Federativa do Brasil. Brasília, DF, Senado, 1988. Decretos: BRASIL. **Consolidação das leis do trabalho. Decreto-lei n. 5.452**, de 01 de maio de 1943. Aprova a consolidação das leis do trabalho. Lex – Coletânea de legislação: edição federal, São Paulo, v. 7, 1943. PAÍS, Estado ou Município. **Lei ou Decreto**. Data (dia/mês/ano). Ementa. Dados da publicação (que publicou a lei ou decreto).
Apostilas, catálogos e folhetos	SOBRENOME, Nome. **Título**. Local: Editora/Instituição, data (mês/ano). (Entre parênteses colocar o tipo de documento).
Multimeios ou materiais especiais	Fitas de vídeo: TÍTULO. Produção de Nome e Sobrenome. Coordenação de Nome e Sobrenome. Local: Produtora, ano, fita de vídeo (00 min), VHS, son., color. Fita cassete: FAGNER, R. **Revelação**. Rio de Janeiro: CBS, 1988. 1 fita cassete (60 min), 33 1\3 rpm, sonoro. Filmes: TÍTULO DO FILME. Diretor, roteiristas etc., elenco relevante, local produtora, data, duração, se é sonorizado, colorido e mm (especificação do suporte em unidade física. Disco (vinil e CD): SOBRENOME, Nome do compositor ou intérprete. **Título**. Produtor. Local: Gravadora, data da gravação ou ano, especificações como quantidade, tempo da gravação, outros detalhes, se houver.

No caso de	Exemplos
Entidades coletivas	Órgãos da administração governamental direta (ministérios, secretarias e outros) têm entrada pelo nome geográfico que indica a esfera de subordinação (País, Estado ou Município): BRASIL, Ministério da Economia, Secretaria de Contabilidade. SÃO PAULO (Estado), Secretaria da Cultura. SÃO PAULO (Município), Prefeitura Municipal.
Entidades conhecidas por suas siglas	Mencionar a própria sigla: IBGE EMBRAPA ABNT ABNT – Associação Brasileira de Normas Técnicas. **NBR 6023**: Informação e documentação – Referências – Elaboração - Apresentação. Rio de Janeiro, 2002.
Sociedades, organizações, instituições, entidades de natureza científica, artística ou cultural	São mencionadas pelo seu próprio nome. Em caso de ambigüidade, deve-se acrescentar a unidade geográfica a que pertencem, entre parênteses: UNIVERSIDADE FEDERAL DO PARANÁ. ACADEMIA BRASILEIRA DE CIÊNCIAS. BIBLIOTECA NACIONAL (Brasil). BIBLIOTECA NACIONAL (Portugal). INSTITUIÇÃO. **Título da obra consultada**. Local, ano.
Unidades subordinadas às instituições	São mencionadas após o nome da instituição: INSTITUIÇÃO. Departamento **Título da obra consultada**. Local, ano.
Eventos científicos	Congressos, reuniões, simpósios e conferências têm entrada pelo nome do evento, com indicação do respectivo número do evento em algarismos arábicos, ano e local da realização. CONGRESSO BRASILEIRO SOBRE ESTUDO DA xxxx, xxxx, ano, local. NOME DO EVENTO número arábico. Local, ano.

No caso de	Exemplos
Entrevista publicada	SOBRENOME, Nome. **Título**. Nome da revista, jornal etc., local da publicação, n. xxx, data completa, p. xx-xx. Entrevista concedida a fulano de tal.
Entrevista não publicada	**Não** mencionar nas referências bibliográficas, inserir como nota de rodapé uma indicação a respeito: Transcrição (parcial) da entrevista concedida por Nome e Sobrenome (se tiver identificação profissional, esta também deverá ser inserida), a Nome e Sobrenome em dia/mês/ano. (A transcrição total, se for o caso de inserir, deve constar como anexo.)
Webgrafia	Com indicação de autor: SOBRENOME, Nome. **Título.** Disponível em: <endereço eletrônico>. Acesso em dia mês (abreviado, exceto maio). ano. Sem indicação de autor: TÍTULO (com a primeira palavra em maiúsculas). Disponível em: <endereço eletrônico>. Data do acesso. Se não for **consulta** a um texto específico, mas **ao *site* todo**, iniciar pelo nome da entidade, em letras maiúsculas: ASSOCIAÇÃO BRASILEIRA DE NORMAS TÉCNICAS. Consulta a diversas informações sobre o tema do trabalho. Disponível em: <www.abnt.org.br>. Acesso em 29 nov. 2005.
Informações obtidas via base de dados	SOBRENOME, Nome. **Título**. Indicações de responsabilidade (edição, volume da base de dados). Local, data.
Informações obtidas via CD ROM	AUTOR. **Título**. data, (CD-ROM).

Importante:

- Nas notas de rodapé, citações literais e referências bibliográficas no corpo do texto – **sempre indicar os números das páginas de onde os textos foram transcritos**.

- Caso haja mais de uma obra escrita pelo mesmo autor, no mesmo ano, acrescentam-se letras seqüenciais a cada referência – a, b, c, após o ano da publicação.

    Dizer que um pensador é um clássico significa dizer que suas idéias permanecem [...] (WEFFORT,1995a, p. 8).
    Os clássicos não são atemporais. Eles são parte da nossa atualidade porque são partes de nossas raízes [...] (WEFFORT, 1995b, p. 7).

Com relação aos exemplos das citações anteriores, as obras consultadas, ambas do mesmo autor e com o mesmo título, devem aparecer da seguinte forma nas referências bibliográficas:

WEFFORT, Francisco (Org.). **Os clássicos da política**. v. 1. São Paulo: Ática, 1995(a).
_____._____. v.2. São Paulo: Ática, 1995(b).

Caso sejam obras diferentes do mesmo autor, publicadas no mesmo ano, deverão aparecer nas referências bibliográficas da seguinte forma:

SOBRENOME, Nome. **Título da obra 1**. Edição. Local: Editora, 2004(a).
_____. **Título da obra 2**. Edição. Local: Editora, 2004(b).

6.6.2 REFERÊNCIAS - WEBGRAFIA

O uso da Internet como fonte para coleta de informações já está difundido. O processo para coleta de dados por esse meio deve obedecer às mesmas exigências aplicadas para outras fontes. Assim, **só serão considerados dados confiáveis aqueles que contiverem, além da informação propriamente dita, a indicação precisa do autor e/ou da entidade que a produziu**. Por essa razão recomenda-se que as consultas sejam feitas, preferencialmente, em *sites* institucionais de organizações reconhecidas. Mesmo nesses casos é recomendável confrontar as informações coletadas com outras fontes, a fim de avaliar a credibilidade da fonte que produziu ou disponibilizou a informação.

Na webgrafia, devem constar apenas o(s) endereço(s) eletrônico(s) completo(s) e a data da visita dos *sites* realmente visitados e que constem no trabalho como fonte de referência (ver modo de informá-los no item 6.7.5 deste guia e no quadro 6.3.

6.7 CITAÇÕES

As citações são transcrições de trechos de textos ou idéias retiradas das fontes consultadas, utilizadas para dar fundamentação à análise desenvolvida pelos autores do trabalho.

Não substituem a análise, mas reforçam ou dão maior consistência à discussão do assunto. Seu emprego deve ser equilibrado, mantendo-se coerência entre o que é citado e a idéia desenvolvida.

As citações podem ser **literais** ou **paráfrases**.

6.7.1 CITAÇÕES LITERAIS

Citação literal é a **cópia de um trecho** (transcrição) tal como se encontra no original.

6.7.1.1 CITAÇÕES LITERAIS CURTAS

As **citações literais curtas**, ou seja, quando tiverem até três linhas, devem ser mantidas no corpo do texto, seguindo-se a mesma formatação do parágrafo, porém, entre aspas duplas, apresentando a indicação precisa da fonte de onde foi retirada (autor, ano da obra e página de onde foi extraída). Veja exemplo a seguir, assim como ao longo deste guia.

Segundo Severino (2002, p. 106), citações são "os elementos retirados dos documentos durante a leitura de documentação e que se revelam úteis para corroborar as idéias desenvolvidas pelo autor no decorrer de seu raciocínio.".

6.7.1.2 CITAÇÕES LITERAIS LONGAS

Quando essas **citações** forem **longas** (mais de três linhas), devem ser escritas em um parágrafo a parte, em corpo de texto menor, sem aspas, justificado, com espaçamento simples de entrelinhas e com um recuo de 4,0 cm da margem esquerda para todo o texto (ver instruções no quadro 6.1), configurando-se como no exemplo a seguir:

> As citações devem ser fiéis. Primeiro deve-se transcrever as palavras como estão (e, para tanto convém sempre, após a redação, confrontar citações com o original, pois, ao copiá-las, à mão ou à máquina, costumamos incorrer em erros ou omissões) (ECO, 2000, p.125).

Deve-se fazer uso das citações longas com cautela. É preferível que o aluno sintetize e escreva a idéia com suas próprias palavras e informe sua origem. O uso de citações é importante e adequado desde que não atribua ao trabalho o caráter de cópia ou mera colagem. Ao apoiar-se em uma citação literal para inserir no trabalho, o autor deve preocupar-se em transmitir sua interpretação sobre a referência e comentá-la para, desta forma, apropriar-se do pensamento em que se apoiou, ressaltá-lo e inseri-lo no novo contexto.

6.7.1.3 INDICAÇÕES DAS FONTES DAS CITAÇÕES
As indicações das fontes das citações devem ser feitas da seguinte forma:

- Após o sobrenome do autor, em maiúsculas, e antes da citação, entre aspas, no **caso das citações curtas**, ou seja, no corpo do texto, deverão ser sempre destacados entre parênteses o ano da obra e a página de onde a citação foi transcrita.
- Ao final dos trechos citados, **no caso das citações longas**, deverão ser indicados os sobrenomes do autor, em maiúsculas, o ano da obra e a página de onde a citação foi extraída. Ou, ainda, através das notas no rodapé, nas quais também deverão constar os dados da fonte como nos tópicos anteriores.

Essas fontes (junto ao texto ou em nota de rodapé) deverão constar nas referências bibliográficas de maneira completa (sem o nº da página).

O(s) autor(es) deverá(ão) optar por uma ou outra forma e mantê-la durante todo o trabalho.

É importante destacar que, qualquer que seja a fonte/documentação utilizada, as informações devem ser obrigatoriamente citadas, em razão dos direitos autorais e da garantia de rastreabilidade necessária para todo trabalho realizado em moldes científicos.

6.7.2 PARÁFRASE

Paráfrase é uma **síntese da idéia ou conceito de um texto**, escrita com as próprias palavras do(s) autor(es) do trabalho.

Quando o(s) autor(es) do trabalho sintetizar(em) um texto, a paráfrase deverá vir acompanhada de expressões, tais como **segundo, conforme, de acordo**, seguidas do sobrenome do autor (em maiúsculas), e entre parênteses deverão ser indicados o ano da publicação e a página de onde foi extraída a idéia.

Exemplos de paráfrase:

Conforme Severino (2002, p. 113), no caso de adoção de referências no corpo do texto, as notas de rodapé devem ser deixadas apenas para a inclusão de informações complementares ao texto, tradução de textos em língua estrangeira ou outros esclarecimentos adicionais.

Ou:

Conforme Severino (2002), no caso de adoção de referências no corpo do texto, as notas de rodapé devem ser deixadas apenas para a inclusão de informações complementares ao texto, tradução de textos em língua estrangeira ou outros esclarecimentos adicionais.

Se uma dessas expressões não for utilizada no texto, antes do nome do autor deve-se utilizar a abreviação de **confronte**, **confira**: **Cf,** e a referência deverá aparecer no final do texto, conforme exemplo a seguir.

No caso de adoção de referências no corpo do texto, as notas de rodapé devem ser deixadas apenas para a inclusão de informações complementares ao texto, tradução de textos em língua estrangeira ou outros esclarecimentos adicionais (Cf. SEVERINO, 2002, p. 113.)

6.7.3 CITAÇÃO DE CITAÇÃO (OU DE SEGUNDA MÃO)

É aquela em que o(s) autor(es) do trabalho não teve(tiveram) acesso à fonte (trabalho) da qual foi extraída, tomando contato com ela por intermédio de trabalho de terceiro(s). Por questões de confiabilidade, as citações de segunda mão devem ser evitadas, sendo justificado seu emprego somente quando a fonte original for inacessível.

Deve-se indicar no texto o sobrenome do autor do documento não consultado, seguido das expressões **citado por**, **conforme** ou **segundo**, e o sobrenome do autor do documento efetivamente consultado, seguido de data.

Hobsbawn, citado por MELLO (1999, p. 81), afirma que ...

Hobsbawn (apud MELLO, 1999, p. 81) afirma que ...

6.7.4 CITAÇÃO TRADUZIDA

É aquela em que o autor ou uma terceira pessoa traduz o texto originalmente escrito em língua estrangeira. Para facilitar a conferência da tradução, o texto original pode ser transcrito em nota de rodapé.

6.7.5 CITAÇÃO DE ARTIGOS, PUBLICAÇÕES E INFORMAÇÕES EXTRAÍDAS DA INTERNET

Nas **citações de artigos, publicações e informações extraídos da Internet** deverão constar a fonte, o sobrenome do autor ou o nome da fonte e o ano da sua publicação, sem o endereço eletrônico; porém, este deverá constar na nota de rodapé seguido da data da visita (o dia, o mês abreviado e o ano), e na webgrafia deverá constar a fonte completa.

Ver exemplos a seguir:

xxxxxxxxxxxxxxxxxxxxxxxxxxxxxxxxxxxxxxxxxxxxxxxxxxxxxxxxxxxxxxxxxxxxx xxxxxxxxxxxxxxxx (FONTE, ano da publicação)[1]

No rodapé deverá constar a seguinte informação:

[1] Informação disponível em <www.xxxxx.com.br>. Acesso em data.

Na webgrafia deverá constar a fonte completa:

SOBRENOME, Nome ou NOME DA FONTE (dia/mês/ano da publicação). **Título do artigo/obra consultado**. Disponível em <www.xxxx.com.br>. Acesso em data.

6.7.6 CITAÇÕES: OMISSÕES, DÚVIDAS, INCOERÊNCIAS E ENFATIZAÇÃO

Sempre que o grupo alterar a apresentação da citação original, deve mencionar a modificação, esclarecendo-a da seguinte forma:

Quadro 6.5: Citações – que recursos utilizar em casos de omissão, dúvida, incoerência, enfatização.

Como indicar	No caso de
Supressão de texto "[...] xxxx, xxxx [...] xxxx, xxxx [...]"	Para indicar **supressão de texto**, por não interessar ou por alongar demais a citação: Omissão no início da citação: [...] xxxx "[...] citar é como testemunhar num processo" Omissão no meio da citação: xxxx [...] xxxx "[...] citar é como testemunhar num processo [...]" Omissão no fim da citação: xxxx [...] "[...] citar é como testemunhar num processo [...]. Por isso, a referência deve ser exata e precisa (não se cita um autor sem dizer em que livros e em que página), [...]"
Dúvida ou perplexidade [?] ou [!]	Para demonstrar **dúvida [?]** ou **perplexidade [!]** com a idéia do texto original: Disse Afrânio Silva Jardim: "Divergindo da doutrina majoritária, entendemos que a Lei n.° 9.099/95 não mitigou o princípio da obrigatoriedade do exercício da ação penal condenatória." **[!]**.
Incoerências/erros no original [sic]	Para **destacar erros** ou **incoerências** contidas no original: Lê-se nos autos de inquérito policial: "[...] quando o ladrão pulou a serca **[sic]**, logo os policiais o prenderam.".
Destaques no texto original (grifo do autor)	Para indicar destaque de texto inexistente no original, porém feito pelo autor do trabalho: Prossegue Afrânio Silva Jardim: "Na verdade, o legislador **não deu ao Ministério Público a possibilidade de requerer o arquivamento do termo circunstanciado e das peças de informação** que o instruírem quando presentes todas as condições para o exercício da ação penal." **(grifo do autor)**
Destaques no texto original (grifo do autor)	Caso no original a idéia ou palavra já venha enfatizada pelo autor da obra: Prossegue Afrânio Silva Jardim: "Na verdade, o legislador **não deu ao Ministério Público a possibilidade de requerer o arquivamento do termo circunstanciado e das peças de informação** que o instruírem quando presentes todas as condições para o exercício da ação penal." **(grifo do autor)**
Citação com ponto final xxxx."	O ponto final deverá vir antes da aspa que fecha a citação: "[...] o desenvolvimento na fase inicial [...] que foi moldado em relação à Revolução Francesa.**"**
Aspas simples/apóstrofe 'xxxx'	Quando o trecho citado já estiver entre aspas e **no meio do texto** original constar **aspas duplas em alguma expressão**, palavra etc., estas **devem ser substituídas por apóstrofes**: "[...] a maioria dos europeus era de origem rural, assim eram os imigrantes. O século XIX foi uma gigantesca 'máquina' para desenraizar os homens do campo."

6.8 NOTAS DE RODAPÉ

As notas inseridas no rodapé das páginas devem ser utilizadas para indicar a fonte de uma citação (se os autores do trabalho optaram por essa forma, assim deverão manter até o fim deste), para indicar outras referências que tratam do mesmo tema ou ainda para completar, reforçar o texto e, assim, não quebrar o seu ritmo ou clareza.

Diversos autores recomendam as notas de rodapé em razão de sua utilidade como reforço de uma idéia, evitando dessa maneira quebrar o que já está sendo explicado no próprio texto.

As notas de referência ou de rodapé devem ser numeradas por capítulo, ou seja, inicia-se a numeração em cada capítulo, e inseridas ao final de cada página onde são mencionadas, e não ao final de cada capítulo, ou no final do trabalho, pois isso dificulta a leitura.

São automaticamente inseridas ao final da página, separadas por um traço e numeradas em ordem crescente (ver exemplos de notas de rodapé ao longo deste guia).

As **citações de entrevistas** feitas pelos autores do trabalho **devem abrir nota de rodapé**, na qual serão informados o nome completo do entrevistado, seu cargo ou título (se for o caso) e a organização para a qual trabalha.

6.8.1 NOTAS DE REFERÊNCIAS BIBLIOGRÁFICAS E WEBGRAFIA NO RODAPÉ

Como explicado anteriormente, **há duas formas básicas** de fazer referências às obras, ou trechos delas, citadas durante os trabalhos. Uma é **a citação no corpo do texto** e a outra, **a citação no rodapé**. Há, também, outras normas a seguir para casos de repetição da mesma obra, mesmo autor, mesma página, diferentes obras de um mesmo autor etc. (ver quadro 6.3).

6.8.1.1 NOTAS DE REFERÊNCIAS BIBLIOGRÁFICAS

As referências no corpo de texto ou na nota de rodapé devem conter os elementos imprescindíveis para a localização da citação feita nas referências bibliográficas. No caso das notas de rodapé, os elementos são: Nome SOBRENOME do autor (em maiúsculas). *Título da obra* (em itálico), ano, página onde se localiza a citação.

A referência completa de toda obra citada ao longo do trabalho, exceto a informação da página, deverá sempre constar nas Referências Bibliográficas (SOBRENOME, Nome. **Título da obra**. Edição. Local: Editora, ano).

Exemplo de inserção de fonte como nota de rodapé:

> ¹Humberto ECO. *Como se faz uma tese*, 2000, p. 122.

Exemplo de inserção de fonte completa nas referências bibliográficas:

> ECO, Humberto. **Como se faz uma tese**. 17. ed. São Paulo: Perspectiva, 2000.

Quando houver uma **seqüência de citações de um mesmo autor cujas obras sejam diferentes**, o nome do autor pode ser substituído pela expressão latina **idem**, que significa igual à anterior, citando-se o nome da obra, o ano e a página:

> ¹ Humberto ECO. *Como se faz uma tese*, 2000, p. 122.
> ² Idem. *O Pêndulo de Foucault*, 2000, p. 39.

Havendo uma **segunda citação do mesmo autor de uma mesma obra,** deve-se usar a expressão latina **ibidem (ou ibid.)**, que quer dizer **na mesma obra**. No entanto, é importante ressaltar que o uso dessas expressões vale apenas no(s) caso(s) em que a **nota cair na mesma página que a(s) anteriormente citada(s), situando-se logo após a primeira referência feita** ao mesmo autor.

> ¹Antonio Joaquim SEVERINO. *Metodologia do trabalho científico*, 2002, p. 109.
> ² Idem, ibidem, p. 115.

Se a **nota for intercalada por outra referente a outro autor**, deve-se repetir o nome do autor e usar a expressão **op. cit** (abreviação de *opus citatum*), que quer dizer **obra citada** (ver exemplos 1, 2 e 4 a seguir).

> ¹ Antonio Joaquim SEVERINO. *Metodologia do trabalho científico*, 2002, p. 109.
> ² Ibidem, p. 115.
> ³ Humberto ECO. *Como se faz uma tese*, 2000, p. 122.
> ⁴ Antonio J. SEVERINO. Op. Cit., p. 115.

Quando uma nota cair em outra página, deve-se repetir nome do autor, obra, ano e indicação de página.

Nas citações feitas de segunda mão, isto é, copiadas de alguma obra em que já apareçam como **citação**, a indicação da fonte deve vir precedida da expressão latina **apud**, que significa **citado por**, **segundo**, **conforme**. Também nesse caso a referência completa deve aparecer nas referências bibliográficas. Ver exemplo a seguir:

---

[1] Montesquieu apud Norberto BOBBIO. *A teoria das formas de governo*, ano XX, p. 128.

As citações de artigos de revistas, jornais ou outros periódicos devem apresentar, no rodapé, as referências nesta ordem: nome/sobrenome do autor, título do artigo, e nome da revista ou periódico (em itálico), o volume (se houver, em itálico), o número da publicação (se houver, entre parênteses) e a página. No caso de artigos de jornais, mencionar a data de publicação logo após o nome do jornal, em lugar do volume e do número da publicação.

---

[1] Rosane ANDRADE. *Qualidade humana*: uma conquista especial, *Revista de Administração – FAAP*, ano, (1):5.
[2] Miguel REALE. *Indivíduo, sociedade e estado*, *O Estado de São Paulo*, 04/03/2000, Caderno XX, p. A-2.

6.8.1.2 NOTAS DE CITAÇÕES EXTRAÍDAS DA INTERNET

As referências no corpo de texto ou na nota de rodapé devem conter os elementos imprescindíveis para a localização da citação feita na webgrafia.

Em toda citação de obras, artigos etc., no corpo do trabalho, extraída da Internet, deverá constar: a fonte ou sobrenome do autor em maiúsculas, com o ano da publicação, sem o endereço eletrônico.

---

xxxxxxxxxxxxxxxxxxxxxxxxxxxxxxxxxxxxxxxxxxxxxxxxxxxxxxxxxxxxxxxx
xxxxxxxxxxxxxxxxx (FONTE, ano da publicação)[1]

Exemplo de inserção da fonte como nota de rodapé:

> ¹ Informação disponível no *site* <www.xxxx.com.br>. Acesso em data.

Exemplo de inserção da fonte completa na webgrafia:

> SOBRENOME, Nome ou NOME DA FONTE (dia/mês/ano da publicação). **Título do artigo/obra consultado**. Disponível em: <www.xxxx.com.br>. Acesso em data.

Vale ressaltar que as mesmas recomendações para os casos de mesmo autor e obras diferentes e *sites* diferentes, notas intercaladas por outra(s) de outro(s) autor(es), como demonstrado nos itens 6.8 e 6.8.1, também são aplicáveis no caso das fontes extraídas da Internet.

6.9 REFERÊNCIAS NO CORPO DO TEXTO

A maneira de fazer essa referência já foi apresentada ao longo deste capítulo, **devendo ser lembrada a necessidade de opção por uma das duas formas no trabalho.**
Neste guia as duas formas aparecem, dada sua natureza didática.
As referências no corpo do texto dispensam as notas no rodapé, facilitando a leitura, além de torná-la mais direta.
A exceção é para as fontes de referência extraídas da Internet, que deverão seguir as orientações dos itens 6.8.1 e 6.8.1.2.

6.10 LISTA DE EXPRESSÕES LATINAS PARA REFERÊNCIA DAS FONTES BIBLIOGRÁFICAS

O quadro a seguir apresenta expressões para uso nas referências das fontes bibliográficas.

Quadro 6.6: Lista de algumas expressões para referência das fontes bibliográficas.

Expressão latina	Caso em que se aplica
Apud	Significa: junto a, em, citado por, conforme, segundo. Utiliza-se em citação de citação, ou citação de segunda mão (ou seja, copiada de alguma obra em que já apareça como citação).
c/c	Significa: combinado com. Empregada quando se consideram conjuntamente duas disposições legais para se chegar a um resultado ou conclusão.
Cf.	Significa: confira ou conforme. Quando se parafraseia um texto, pode-se mencioná-la, ao final deste, entre parênteses (Cf. SOBRENOME, ano da obra).
n.	Significa: número. Empregada para indicar o número de uma publicação, por exemplo.
Id.(Idem)	Significa: igual ao anterior, o mesmo autor, da mesma forma etc. Mencionada na seqüência da anteriormente igual (autor, autor/obra). Utilizada para evitar repetições.
Ibid (Ibidem)	Significa: no mesmo lugar, na mesma obra. Quando há uma segunda citação do mesmo autor e obra, emprega-se essa expressão logo após a primeira menção, porém se esta estiver na mesma página.
p.	Significa: página. Utilizada para indicar o número da página ou páginas consultadas, ou a quantidade de páginas de uma obra.
v.	Significa: *vide*, veja ou volume. Utilizada para remeter o leitor a outro ponto referencial, bem como para indicar o volume de uma publicação.
op. cit.(opus citatum)	Significa: obra citada. Emprega-se quando há outra referência (de autor diferente) intercalando o documento citado.
loc. cit.(loco citato)	Significa: na obra citada. Utiliza-se quando o autor se reporta a um documento já citado na página anterior.
In	Significa: em. Emprega-se quando há a citação de um autor dentro de uma outra obra.
Sic	Significa: tal e qual no original. Emprega-se para indicar que o texto original está grafado da mneira como está sendo transcrito.

6.11 ILUSTRAÇÕES

As ilustrações compreendem: gráficos, tabelas, quadros e figuras (fotos, desenhos, gravuras, mapas, logotipos, diagramas, organogramas, fluxogramas, esquemas, plantas etc.), as quais são complementos importantes para dar maior clareza a uma explicação e fundamentar o assunto desenvolvido. Por essa razão, **devem fazer parte do corpo do texto com explicações sobre sua inclusão, abordando cada dado inserido**.

Listar as ilustrações no sumário é opcional. Caso o grupo opte pela inclusão, deve-se relacionar por capítulo/ordem numérica, em grupo (tabelas, gráficos e figuras). Essa inclusão deve ser feita após o último item do sumário (bibliografia), em página própria, denominada "Lista de Ilustrações".

As ilustrações devem ser **centralizadas na página**, **numeradas em ordem crescente por capítulo** (no Capítulo 1 – Tabela 1.1., Gráfico 1.1, Figura 1.1; no Capítulo 2 – Tabela 2.1, Gráfico 2.1, Figura 2.1; e assim por diante)**, com título da ilustração em tamanho 10 antes da ilustração, centralizado nela; e abaixo da ilustração deve ser informada a fonte, com a mesma formatação.

Caso a ilustração seja uma criação dos autores do trabalho, não há necessidade de indicar a fonte.

Ver exemplos nos itens a seguir.

6.11.1 USO DE TABELA

Tabela é o conjunto de dados numéricos associados e dispostos em uma determinada ordem de classificação, expressando variações qualitativas e quantitativas. Sua finalidade é resumir ou sintetizar dados para fornecer informações que possam dispensar consultas ao texto.

Algumas orientações para elaborar uma tabela:

- Quando houver algum dado desconhecido, o campo respectivo deverá conter reticências: ...

- Quando houver algum dado não existente, deverá conter um hífen: -

- Quando houver alguma omissão de dado, deverá conter um "x": **x**

- Quando a tabela precisar ser dividida em mais páginas, o seu título não precisa ser repetido, porém o cabeçalho deverá ser repetido em todas as páginas;

- Verificar a necessidade de incluir legenda;

- Apresentar todos os dados explicativos, ou seja, compor um conjunto de informações, para interpretação imediata, sem a necessidade de esclarecimentos adicionais e prolongados no corpo de texto – as tabelas somente serão elucidativas se especificarem dados estatísticos/explicativos, tais como período, padrões de medidas das variáveis indicadas, moedas, valores, quantidades, volumes, entre outros (ex.: R$/ano, US$/ano, 1000 ton./mês, %/ano etc.);

- Ter cuidado com o uso de cores nas tabelas, pois o efeito pretendido só tem resultado positivo em impressões e cópias coloridas. As cores podem prejudicar a clareza/legibilidade quando reproduzidas em preto e branco;

- Delimitar a tabela com traços horizontais, ou seja, não inserir traços verticais externos. Exemplo:

Tabela 6.1: Nome da tabela

	1º trimestre (%)	2º trimestre (%)	3º trimestre (%)	4º trimestre (%)
Leste	20,4	27,4	90,0	20,1
Oeste	30,6	38,6	32,6	15,5
Norte	45,9	46,9	45,0	43,2

Fonte: NOME DA FONTE OU SOBRENOME, ano, p. XX.
(se for criação do grupo não mencionar a fonte)

6.11.2 USO DE GRÁFICO

Gráfico é a representação ilustrativa de dados numéricos (matemático-estatísticos).

Depois de sintetizados em tabelas, os dados também podem ser apresentados em gráficos, com a finalidade de proporcionar uma visão rápida, prática e clara. Algumas orientações para confeccionar um gráfico:

- Escolher a forma gráfica mais clara para ilustrar os dados numéricos apresentados;

- Verificar se há necessidade de legenda;

- Para que sejam elucidativos, os gráficos deverão especificar dados estatísticos/explicativos, tais como período, padrões de medidas das variáveis indicadas, moedas, valores, quantidades, volumes, entre outros (ex.: R$/ano, US$/ano, 1000 ton./mês, %/ano etc.), para interpretação imediata, sem necessidade de esclarecimentos adicionais ou consultas ao corpo de texto;

● Quanto ao uso de cores nos gráficos, vale a mesma recomendação feita em relação às tabelas. Pode-se utilizar "padrões" para preenchimento em lugar das cores (na opção: efeitos de preenchimento, utilizar, por exemplo: '% a• "% , entre outros) para evidenciar a diferenciação da legenda em reprodução preto/branco (como no exemplo a seguir).

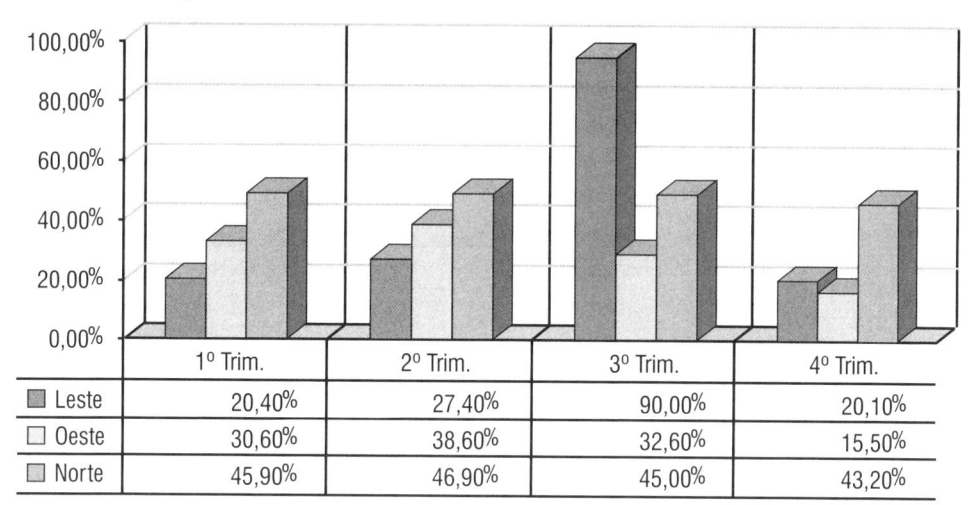

Gráfico 6.1: Nome do gráfico

	1º Trim.	2º Trim.	3º Trim.	4º Trim.
■ Leste	20,40%	27,40%	90,00%	20,10%
□ Oeste	30,60%	38,60%	32,60%	15,50%
■ Norte	45,90%	46,90%	45,00%	43,20%

Fonte: NOME DA FONTE OU SOBRENOME, ano, p. XX.
(se o gráfico for uma criação do grupo não mencionar a fonte)

Há vários tipos de gráficos, cada um adequado a um propósito, exemplos:

● Os de setores são os mais indicados para apresentar partes do todo;

● Os de colunas ou barras são úteis para comparar vários elementos;

● Os de linha são indicados para mostrar mudanças de um elemento com o passar do tempo;

● Com pontos, são úteis para mostrar tendências sutis.

6.11.3 USO DE QUADRO

O quadro é composto de dados informativos cujo entendimento não necessita de elaboração matemática/estatística.

Algumas orientações para elaborar um quadro:

- Decidir se a ilustração é necessária e em que parte do trabalho deve constar (no corpo do texto ou anexo).Quanto ao uso de cores nos quadros, tomar os mesmos cuidados já apontados em relação às tabelas;

- Delimitar o quadro com traços horizontais, ou seja, não inserir traços verticais externos.

Exemplo:

Quadro 6.7: Nome do quadro

Local	Cidade pelos homens	Lazer preferido pelas mulheres	Lazer preferido pelas crianças	Lazer preferido
Leste	São Paulo	Futebol	Compras	Parque
Oeste	São Paulo	Tênis	Compras	Circo
Norte	São Paulo	Futebol	Compras	Parque

Fonte: NOME DA FONTE OU SOBRENOME, ano, p. XX.
(se o quadro for uma criação do grupo não mencionar a fonte)

6.11.4 USO DE FIGURA

Qualquer ilustração, com exceção de tabelas, quadros e gráficos, é elemento considerado figura. Nesse grupo estão: desenhos, fotografias, gravuras, mapas, logotipos, organogramas, fluxogramas, histogramas, esquemas, plantas, mapas etc.

Algumas orientações para inserir figuras:

- As figuras somente serão elucidativas se houver real necessidade de fazer parte do corpo de texto e, nesse caso, deve ser apresentada, no texto, a respectiva explicação;

- Quanto ao uso de cores nas figuras, deve-se tomar cuidado, pois o efeito pretendido só tem resultado positivo em impressões e cópias coloridas; do contrário, deve-se utilizar a opção "escala cinza" na formatação da figura para evidenciá-la na reprodução preto/branco (como no exemplo a seguir);

Figura 6.1: Nome da figura

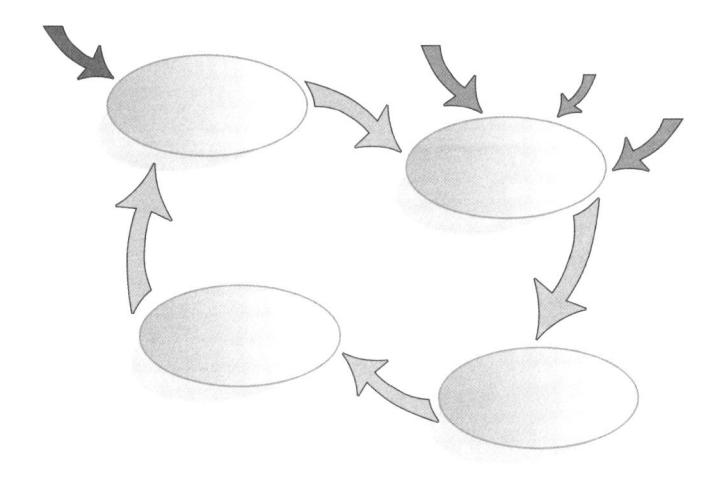

Fonte: NOME DA FONTE OU SOBRENOME DO AUTOR, ano, p. XX.
(se a figura for uma criação do grupo não mencionar a fonte)

- Quanto ao **tamanho das ilustrações:** não há um tamanho-padrão, porém recomenda-se uma proporção que garanta a legibilidade delas.

6.12 ABREVIATURAS E SIGLAS

A primeira vez que uma sigla ou abreviatura for usada no texto, deve-se escrever o nome todo por extenso e colocar a sigla entre parênteses. A partir daí, poderá ser utilizada apenas a sigla ou a abreviatura.

Exemplo: Associação Brasileira de Normas Técnica (ABNT).

Se o grupo optar pela inclusão de uma lista específica para abreviaturas e siglas, deverá relacionar todas as mencionadas no trabalho com os respectivos significados.

Metodologia
Processo de Produção, Registro e Relato do Conhecimento

Capítulo 7

REVISÃO, ENTREGA, APRESENTAÇÃO E CRITÉRIOS DE AVALIAÇÃO

7.1 REVISÃO FINAL DO TRABALHO

É importante revisar o trabalho para assegurar-se de que nenhum ponto capaz de prejudicar a qualidade foi esquecido, tais como:

- A capa, folha de rosto e a de aprovação estão completas, com todos os nomes corretos, inclusive título do trabalho, nome do curso, entre outras informações necessárias?

- O título reflete adequadamente o conteúdo discutido?

- O resumo está conciso e consistente?

- Foi elaborado o resumo em língua estrangeira?

- O sumário indica precisamente a ordem e a localização de cada tópico?

- Os títulos e subtítulos usados nos capítulos são adequados, concisos e indispensáveis?

- A introdução contém todas as informações necessárias para sua elaboração?

- O desenvolvimento do assunto é coerente com a proposta do trabalho?

- A ordem dos capítulos é lógica?

- Os erros de coerência, ortografia e gramática foram corrigidos?

- A linguagem é clara e objetiva?

- Há dados desnecessários ou repetitivos?

- Os termos técnicos, símbolos, abreviaturas foram devidamente explicados ao longo do trabalho?

- No texto foram feitas referências aos anexos?

- As referências bibliográficas, webgrafia e bibliografia obedecem às normas definidas?

- As ilustrações (gráficos, tabelas, quadros, figuras etc.) estão devidamente identificadas, numeradas em cada capítulo seqüencialmente?

- Constam explicações sobre a presença de ilustrações no trabalho (gráficos, tabelas, quadros, figuras etc.), com menção das fontes e especificação dos dados estatísticos referidos?

- As notas de rodapé ou no corpo de texto e as citações estão indicadas adequadamente?

- As citações literais estão fiéis aos originais e identificam precisamente a fonte, ou seja, autor, ano da obra e número da página, de onde foram retiradas?

- A paginação do trabalho está correta?

- O trabalho está formatado de acordo com as orientações deste guia?

Finalmente, resta preparar-se para a entrega do trabalho e para sua apresentação à banca examinadora.

7.2 ENTREGA DO TRABALHO

Varia de instituição a instituição, porém, em geral cobra-se a entrega do original em via encadernada em capa dura e tantas vias em espiral quantos forem os membros da banca examinadora, que podem ser cópias coloridas ou em preto e branco.

No caso de reprodução fotocopiada do original, todas as ilustrações e informações deverão estar legíveis.

7.2.1 IMPRESSÃO DO TRABALHO

O trabalho deve ser impresso somente em um dos lados do papel (de tamanho A4).

Na maior parte das vezes, salvo orientação contrária da instituição, a impressão do texto principal deve ser feita em tinta preta, e a tinta colorida pode ser usada para eventuais ilustrações, tais como figuras (fotos, desenhos, gravuras, mapas, logotipos etc.), gráficos, quadros e tabelas, entre outros, quando houver necessidade.

7.2.2 ENCADERNAÇÃO

- **Encadernação em capa dura**

Pode variar, porém em geral o padrão utilizado é a capa na **cor preta** em tamanho **A4,** com a reprodução do texto da capa do trabalho em **letras douradas** (modelo no Anexo C).

Vale lembrar que apenas nessa forma de encadernação deve ser excluída a via impressa da capa, uma vez que esta será reproduzida como capa dura da encadernação. Assim, para evitar duplicidade deve ser inserida apenas uma página em branco entre a capa dura e a folha de rosto do trabalho.

- **Lombada ou tombo**

Na lombada ou tombo da encadernação em capa dura deverá constar: na parte superior, o nome da instituição; na parte central, o título do trabalho; e na parte inferior, o ano da publicação (modelo no Anexo F).

- **Encadernação em espiral**

As vias encadernadas em espiral, que poderão ser cópias simples (preto e branco ou colorida) da via original, devem também ser entregues aos membros da banca examinadora. As **capas** dessa encadernação deverão ser em **pvc**.

7.3 APRESENTAÇÃO À BANCA EXAMINADORA

A apresentação do trabalho é feita ao final do curso para uma banca examinadora **constituída, em geral, por três professores**.

Normalmente, é pré-fixado o período de cada apresentação, a qual será finalizada com o período destinado à argüição.

7.4 CRITÉRIOS DE AVALIAÇÃO DA MONOGRAFIA

A **nota mínima de aprovação** varia de instituição a instituição.

A nota final do trabalho apresentado é a mesma e única para todos os integrantes do grupo.

Sugere-se, para o cálculo da **nota final,** atribuída pelos participantes da banca, que sejam ponderados os seguintes quesitos:

- **Consistência temática**: é a coerência das informações coletadas em relação aos objetivos e hipóteses e à compatibilidade das conclusões com a proposta do trabalho;

- **Fundamentação teórica e bibliográfica**: é o nível de informação atualizada sobre o assunto, a fidedignidade das fontes utilizadas para consulta e a relação de conceitos e teorias apresentados;

- **Estrutura formal**: é a adequação do trabalho a todas as normas contidas neste guia.

O Apêndice B apresenta um formulário de análise da versão final dos trabalhos, que pode ser útil para a última checagem geral.

7.5 PLANEJAMENTO E PREPARAÇÃO DE UMA APRESENTAÇÃO EFICAZ

Falar em público desperta sensações diferentes, que variam desde uma leve apreensão até o estado de pânico. O sucesso de uma boa apresentação está sempre relacionado ao conhecimento prévio de todos os elementos presentes em uma comunicação eficaz.

Há alguns passos básicos a serem respeitados na estruturação de qualquer apresentação e que dizem respeito ao seu planejamento, preparação, ensaio, apresentação e avaliação. Todos são igualmente importantes[1].

É recomendável:

- **Saber claramente qual a finalidade da apresentação**;

- **Conhecer o perfil da audiência**, tipo, número aproximado de participantes, especialmente se houver distribuição de resumo escrito da apresentação;

- **Ensaiar previamente a apresentação**, para avaliar o encadeamento lógico das idéias, clareza na forma de apresentá-las e o tempo necessário para a sua realização. Para isso solicitar, como sugestão, a avaliação de uma platéia composta de outros elementos do grupo;

- **Administrar eficientemente o tempo.** Uma fórmula sensata para a divisão do tempo de apresentação é seguir a própria estrutura do trabalho – usar menos tempo para introdução e a conclusão, e o maior tempo disponível para o desenvolvimento. Não esquecer que as apresentações duram, em média, conforme já apontado, 20 minutos. Um expositor prolixo e dispersivo, que ultrapassa o tempo destinado à apresentação, nunca é bem visto. Essa falha prolonga desnecessariamente as sessões, atrasa o andamento do evento, prejudica outras apresentações e os participantes interessados em ouvi-las. A quantidade de informações ou o seu detalhamento devem respeitar o tempo disponível. Iniciar e terminar uma apresentação no tempo estipulado pelos organizadores de um evento é prova de boa educação e de respeito;

- **Confirmar data, local, sala e hora da apresentação**;

- **Chegar ao local com antecedência**, para checagem das condições dos equipamentos, e com tempo hábil para promover ajustes, se necessário;

- **Cuidar da apresentação pessoal** tanto quanto da apresentação do trabalho, pois qualquer aspecto de desleixo pessoal será registrado de maneira negativa;

---

[1] Alguns princípios gerais de como fazer apresentações em computador estão disponíveis no site: <www.rctsoft.com.br/artigo1.html>. Acesso em 29 nov. 2005.

- **Manter a naturalidade**. O expositor deve concentrar-se em fazer uma boa apresentação, e não em "representar um personagem". Aparentar relaxamento não significa necessariamente estar relaxado, mas este comportamento é bem-vindo;

- **Fazer uso do humor**. Uma ligeira "pitada" de humor pode ser benéfica à apresentação, porém nunca através de piadas com alguém da platéia;

- **Ser objetivo e direto** para evitar rodeios desnecessários. Não devem ser empregados jargões, pois, além de aborrecidos, desperdiçam tempo. Iniciar explicando sobre o que vai falar; desenvolver a apresentação; finalizar, resumindo o que foi exposto. Essa fórmula, aparentemente simples, é uma orientação valiosa capaz de colaborar significativamente na retenção do conteúdo apresentado;

- **Definir o número de expositores**: se o trabalho foi realizado em grupo, todos os integrantes podem falar; isso, entretanto, não é imprescindível; o importante é dividir a apresentação de maneira lógica. Nem sempre todos os integrantes do grupo podem ter a mesma aptidão para falar em público; para alguns isso chega a ser uma dificuldade. Nesse caso, se algum dos integrantes não se sente à vontade para expor, caso a instituição de ensino permita, é preferível que um único orador exponha para que o conjunto não seja comprometido;

- **Observar regras de postura e gestual.** O posicionamento físico ideal do expositor é em pé e ao lado do apoio visual escolhido para sua apresentação; nunca deve ficar de costas para a platéia. Evitar movimentos bruscos, já que os gestos acentuam a importância da mensagem. É recomendável:

  - olhar para o público, sem fixar o olhar apenas em alguém sentado na primeira fila ou no apoio visual que ilustra a apresentação;
  - jamais ler o texto da apresentação;
  - não ficar parado no mesmo ponto com as mãos para trás ou no bolso, durante a apresentação;
  - falar em pé, a menos que a organização da mesa requeira o contrário;
  - mover-se sempre mantendo contato visual com a platéia.

- **Apoio visual** é sempre muito importante. Ajuda o expositor como uma "cola" e permite que a platéia não se disperse. Se bem planejado, reforça as idéias apresentadas e facilita a retenção.

O uso de apresentações em PowerPoint é bastante indicado para essa finalidade. Se este for o recurso utilizado de apresentação, algumas regras devem ser seguidas para sua preparação:

- **O conteúdo**: uma boa apresentação depende de um bom texto. Parte-se de um texto inicial básico e caminha-se com o objetivo de "enxugá-lo" para obter um resumo cada vez menor e mais denso – esse texto será a base da estrutura geral da apresentação;

- **Tempo de apresentação**: estima-se de 1 a 2 minutos por *slide*. As apresentações mais curtas (15 minutos) utilizam, em geral, 1 minuto por *slide*, e as mais longas (90 minutos), cerca de 2 minutos por *slide*. Ensaiar várias vezes a apresentação, cronometrando o tempo necessário, é importante e aumenta a segurança do expositor. O recurso de transição automática entre os *slides* não é indicado, porque pode não coincidir com o tempo requerido pelo expositor;

- **Condições do ambiente**: Inúmeros problemas podem prejudicar a visibilidade dos *slides*: projetor de má qualidade ou inadequado para a sala, sala muito clara etc. Assim, é muito importante que os *slides* estejam otimizados para o pior caso, e não para uma situação ideal;

- **Uso de cores**: donas de forte apelo emocional; são importantes porque transmitem mensagens por si mesmas. Ao escolher a cor e o padrão de fundo dos *slides*, é preciso sempre garantir o melhor contraste possível com a cor do texto. Fundo claro com letras é o ideal para garantir visibilidade, porém cansam mais. O ideal é utilizar cores de fundo que reforcem ou provoquem uma reação desejada, ajudando assim a enfatizar os pontos de destaque da apresentação. Alguns exemplos:

    - O fundo vermelho estimula uma forte resposta emocional, associado a algum tipo de prejuízo; o amarelo está associado a otimismo, mas pode distrair ou cansar a platéia; o fundo violeta está associado a humor ou ironia; o fundo verde é indicado quando a apresentação requer uma resposta da platéia; o fundo preto é indicado para mostrar informações financeiras ou enfatizar algo; o fundo azul, o mais comumente usado, indica calma, credibilidade ou uma visão conservadora de certa informação (Cf. WOLFGRAM, 1994).

- **Quantidade de texto por *slide***: em geral, os *slides* não devem conter texto corrido/prosa , mas, sim, itens. Convém não ultrapassar 36 palavras arranjadas, no máximo, entre seis a oito linhas de texto. Este deve ocupar, no máximo, entre 2/3 e 3/4 da tela, usando-se sempre caracteres grandes;

- **Tamanho da(s) fonte(s)**: é aconselhável o maior tamanho de fonte possível: Cabeçalho: 32 a 46 pontos/Corpo de Texto: 20 a 30 pontos/Rodapé: 14 a 18 pontos;

- **Figuras e animações**: só devem ser usadas quando forem importantes para enriquecer de fato a comunicação, contribuindo, de algum modo, para maior envolvimento emocional ou com o conteúdo do material a ser apresentado, e não por seu padrão estético. Há casos em que a animação prejudica o contato do leitor com o conteúdo. A utilização de fundos ou logotipos padronizados em todas as telas favorece a apresentação. Há vários bancos de figuras disponíveis, como *clip-arts* e fotos na WEB;

- **Gráficos**: funcionam melhor que tabelas em uma apresentação. Consultar no Capítulo 6 as orientações para produção de gráficos;

- **Numeração**: é importante numerar os *slides*, pois isso dá maior liberdade ao expositor e à platéia, permitindo pular diretamente para um *slide* determinado digitando seu número e a tecla <*Enter*>.

> Para evitar surpresas desagradáveis, vale imprimir os *slides* como transparências tradicionais – retroprojetores não travam!

Conclusão

O assunto Metodologia de Pesquisa ou Metodologia Científica tem sido discutido em várias obras que mostram os caminhos adequados para a realização de um trabalho sólido e confiável. A busca de respostas cada vez mais consistentes é a tônica do conhecimento científico, cujos procedimentos e resultados são revistos através de um processo contínuo de discussão. A Metodologia é a base para a organização do conhecimento, que por sua vez constitui a matéria-prima para a sobrevivência e desenvolvimento do ser humano e da sociedade.

Muitas pessoas vivem o cotidiano sem perceber a riqueza de possibilidades que a Ciência oferece para beneficiá-las. Porém, quando aprendem a transformar informações em conhecimento – o que constitui papel essencial da ciência –, não podem mais prescindir de um planejamento cuidadoso para investigação, desenvolvimento e registro desse conhecimento, a fim de tornar possível sua disseminação.

Por mais rigoroso que um pesquisador possa ser em relação à obediência e aos métodos e diretrizes propostos para produzir conhecimento, sua sensibilidade, criatividade e empenho são imprescindíveis para tornar a coleta e o registro de informações um trabalho relevante e capaz de despertar o interesse daqueles que, de alguma forma, relacionam-se com o tema apresentado.

Dispor de recursos capazes de orientar os processos de busca e validação dos resultados e **fazer ver a importância da lógica conectada à observação empírica** (buscando, sempre que possível, a forma mais simples e descomplicada) são as atribuições mais nobres da academia, o fórum mais consagrado de produção de conhecimento a serviço da sociedade.

Espera-se que este guia possa servir de auxílio nessa empreitada.

Referências Bibliográficas

ABNT – Associação Brasileira de Normas Técnicas. **NBR 6023**: Informação e documentação – Referências – Elaboração. Rio de Janeiro, 2002.

_____. **NBR 6024**: Informação e documentação – Numeração progressiva das seções de um documento escrito – Apresentação. Rio de Janeiro, 2003.

_____. **NBR 6028**: Informação e documentação – Resumo – Apresentação. Rio de Janeiro, 2003.

_____.**NBR 10520**: Informação e documentação – Citações em documentos – Apresentação. Rio de Janeiro, 2002.

_____. **NBR 14724**: Informação e documentação – Trabalhos acadêmicos – Apresentação. Rio de Janeiro, 2002.

CASTRO, Cláudio de Moura. **A prática da pesquisa**. São Paulo: McGraw-Hill, 1977.

CHIZZOTTI, Antonio. **Pesquisa em ciências humanas e sociais.** 4 ed. São Paulo: Cortêz, 2000.

ECO, Humberto. **Como se faz uma tese.** 17. ed. São Paulo: Perspectiva, 2000.

GOLDENBERG, Mirian. **A arte de pesquisar**: como fazer pesquisa qualitativa em ciências sociais. Rio de Janeiro: Record, 2002.

LAKATOS, Eva Maria; MARCONI, Marina de Andrade. **Metodologia do trabalho científico**: procedimentos básicos, pesquisa bibliográfica, projeto e relatório, publicações e trabalhos científicos. 6. ed. São Paulo: Atlas, 2001.

MEDEIROS, João Bosco. **Redação científica**: a prática de fichamento, resumos, resenhas. 4. ed. São Paulo: Atlas, 2000.

RUDIO, Franz Victor. **Introdução ao projeto de pesquisa científica**. 32 ed. Petrópolis: Vozes, 2004.

SARAMAGO, José. **Viagem a Portugal**. São Paulo: Cia. das Letras, 1990.

SELLTIZ, Claire et al. **Métodos de pesquisa nas relações sociais**: Análise de resultados. São Paulo: EPU/EDUSP, 2001.

SEVERINO, Antonio Joaquim. **Metodologia do trabalho científico.** 22 ed. São Paulo: Cortez, 2002.

TACHIZAWA, Takeshi; MENDES, Gildásio. **Como fazer monografia na prática**. Rio de Janeiro: FGV, 1999.

WOLFGRAM D. E. **Criando em multimídia**. Rio de Janeiro: Campus, 1994.

Webgrafia

ALGUNS PRINCÍPIOS GERAIS DE COMO FAZER APRESENTAÇÕES EM COMPUTADOR. Disponível em: <www.rctsoft.com.br/artigo1.html>. Acesso em 29 nov. 2005.

ASSOCIAÇÃO BRASILEIRA DE NORMAS TÉCNICAS. Consulta a diversas informações sobre o tema do trabalho. Disponível em: <www.abnt.org.br>. Acesso em 29 nov. 2005.

PROJECT MANAGEMENT INSTITUTE – PMI. **Project Management Body of Knowledge**. Disponível em: <www.novintec.com.br/programa_pmi_gp.php>. Acesso em 30 nov. 2005.

Glossário

APÊNDICE: elemento opcional que consiste em texto ou documento elaborado pelo autor com o objetivo de complementar as explicações apresentadas no trabalho. São identificados e listados em ordem alfabética, seguidos de travessão e respectivos títulos.

EPÍGRAFE: é uma citação ou pensamento que o autor inclui no trabalho como página ou na introdução de um capítulo do trabalho, que expresse um pensamento importante ou instigante que tenha sido utilizado como base para a sua reflexão.

ERRATA: é uma lista de erros de digitação, ortografia, concordância ou de outra natureza com as devidas correções, que deve incluir as páginas e linhas em que aparecem. É impressa em página avulsa ou encartada e anexada ao trabalho depois de impresso.

FICHA BIBLIOGRÁFICA: é um registro dos dados de identificação da obra consultada.

FICHA RESUMO OU DE CONTEÚDO: é um registro de transcrições de trechos importantes das obras consultadas. Pode incluir também o resumo de idéias do autor ou obra consultada, bem como uma avaliação dessas idéias. Vale ressaltar que é essencial definir nessa ficha o que é uma avaliação das idéias do autor e o que é apenas o resumo das suas idéias.

GLOSSÁRIO: elemento opcional que deve ser utilizado com o objetivo de relacionar em ordem alfabética as palavras constantes no trabalho normalmente relacionadas ao jargão técnico da área de conhecimento em que ele se insere, ou aos termos técnicos empregados, acompanhadas de definição capaz de garantir a compreensão exata de sua utilização no texto.

MECANOGRAFIA: é a técnica, arte ou processo de reprodução de documentos através de máquinas.

SINOPSE: é uma breve narração, relato, resumo, síntese. Apresentação concisa de um conteúdo de um artigo, trabalho etc., que permite ao leitor decidir se convém ou não a leitura integral.

Apêndices

APÊNDICE A – ANÁLISE DA VERSÃO PRELIMINAR DOS TRABALHOS

Check list das oportunidades de melhoria

- **CAPA, FOLHA DE ROSTO** e **FOLHA DE APROVAÇÃO:** adequar conforme Anexos C, D e E.	
- **PAGINAÇÃO:** ver item 6.4.	
- **RESUMO/PALAVRAS-CHAVE:** o Resumo deve contemplar o tema e o objetivo, qual a metodologia adotada (ou seja, **tipo de pesquisa**: descritiva, exploratória, quantitativa, estudo de caso etc., **tipos de dados**: primários, secundários ou ambos) e principais conclusões (de modo que o leitor saiba identificar o alcance do trabalho). Além disso, identificar as principais palavras-chave do trabalho (mínimo 03).	
- **RESUMO EM LÍNGUA ESTRANGEIRA:** idem anterior: em geral redigidos em inglês, devem ser a tradução exata do redigido em português.	
- **SUMÁRIO:** adequar (ver sumário deste guia).	
- **INTRODUÇÃO:** a Introdução vem antes do Capítulo 1; o conteúdo é o mesmo do Projeto, na forma de texto descritivo, sem itens. Deve conter: apresentação do tema, problema de pesquisa, sua importância no contexto atual e na área de conhecimento a que pertence, hipóteses para o problema definido, objetivo do trabalho, metodologia adotada, eventual(is) dificuldade(s) que o grupo teve na coleta de dados ou na realização da pesquisa e finalizar com a apresentação de cada capítulo de maneira resumida.	
- **INÍCIO DE CAPÍTULO:** adequar o título de cada novo capítulo a 6,0 cm da borda superior da página inicial (ver Capítulo 6).	
- **INDICAÇÃO DAS FONTES DE DADOS** ao longo do trabalho: Isso pode ser feito no rodapé ou no corpo do parágrafo (ver itens 6.6 a 6.9).	
- **LINGUAGEM** (ver item 6.1): Adotar sempre o tratamento na 3ª pessoa do singular;	
Empregar preferencialmente a forma verbal no presente, uma vez que o trabalho já estará finalizado na ocasião de sua leitura;	
Realizar a revisão ortográfica;	
Empregar linguagem formal.	
- **ILUSTRAÇÕES: GRÁFICOS, TABELAS, FIGURAS, FOTOS ETC. (ver item 6.11):** As tabelas e as figuras devem ter título e a indicação das respectivas fontes bibliográficas abaixo delas (autor, ano e página); Incluir/adequar a numeração das tabelas e figuras e reiniciá-la a cada capítulo (exemplo: figura 1.1), alocando-a acima destas; Verificar se as ilustrações necessitam de melhor qualidade gráfica; Verificar se os dados estatísticos foram informados; Verificar se as ilustrações estão acompanhadas das explicações sobre sua presença no trabalho.	

- **CONCLUSÃO:** é o fechamento do trabalho e, de maneira sucinta, deve retomar o que foi tratado durante o seu desenvolvimento tendo em vista os objetivos que se propôs a atingir, ressaltando-se os resultados aferidos.	
- **REFERÊNCIAS BIBLIOGRÁFICAS** (ver itens 6.6 a 6.9/quadros 6.2 e 6.3): Inserir após os anexos.	
Dispor em ordem alfabética.	
Separar os livros e outras fontes de consulta da webgrafia.	
Adequar as referências aos padrões estabelecidos.	
- **WEBGRAFIA** (ver itens 6.6 a 6.9/quadros 6.2 e 6.3): Inserir após as referências bibliográficas.	
Dispor em ordem alfabética. Adequar as referências aos padrões estabelecidos	
- **GLOSSÁRIO:** Avaliar a necessidade de sua inclusão.	
- **APÊNDICE(S):** Avaliar a necessidade de sua inclusão.	
- **ANEXOS:** Avaliar a real necessidade dos anexos apresentados.	
Numerá-los em ordem alfabética, mantendo uma seqüência no texto. Todos os anexos devem ser citados no trabalho.	
- **BIBLIOGRAFIA (se necessário)** (ver itens 6.6 a 6.9/quadros 6.2 e 6.3) Inserir após a webgrafia. Dispor em ordem alfabética;	
Adequar as referências aos padrões estabelecidos.	
- **SEQUÊNCIA:** Seguir o padrão indicado no quadro 5.1	
- **MARGENS:** Adequar a formatação aos padrões estabelecidos.	
- **CITAÇÕES:** Seguir o padrão previsto no guia (ver item 6.7);	
Citação obrigatória da fonte (autor, ano e página da transcrição);	
Excesso de transcrições: recomenda-se alterar a redação ou alocá-las em anexo.	
- **SUBITENS:** utilizar no máximo cinco níveis (ver item 6.5)	
- **QUEBRA DE PÁGINAS:** revisar, evitando separar títulos do primeiro parágrafo, tabelas, figuras, entre outros cuidados.	

APÊNDICE B – ANÁLISE DA VERSÃO FINAL DOS TRABALHOS – BANCAS
(ROTEIRO DOS PROFESSORES E AVALIADORES).

Requisitos	SIM	NÃO	Exemplos/comentários
1) Título consistente			
2) Capa, Folha de Rosto e Folha de Aprovação			
3) Paginação			
4) Quebra adequada de páginas			
5) Resumos e Palavras-chave			
6) Sumário			
7) Introdução			
8) Início de capítulos (a 6,0 cm da borda superior)			
9) Subtítulos, Subdivisões (máximo 5 níveis) e Alíneas			
10) Citações (transcrições textuais) Seguem o padrão previsto no guia Citação obrigatória da fonte (autor, ano e página) Adequação da quantidade/qualidade das transcrições			
11) Indicação das fontes de dados ao longo do trabalho			
12) Linguagem: 3ª pessoa do singular Uniformidade no emprego do tempo verbal Checagem ortográfica Linguagem formal/adequação			
13) Ilustrações: Títulos e fontes bibliográficas Numeração Qualidade gráfica adequada Especificação de dados estatísticos Explicação sobre sua pertinência no trabalho			
14) Conclusão / Considerações finais			
15) Referências Bibliográficas: Ordem alfabética Adequadas aos padrões estabelecidos			
16) Webgrafia: Após as referências bibliográficas Ordem alfabética Adequada aos padrões estabelecidos			
17) Glossário: pertinência e exatidão			

Requisitos	SIM	NÃO	Exemplos/comentários
18) Apêndices e Anexos: São realmente necessários? Numerados em ordem alfabética Seguem a numeração de sua citação no texto			
19) Bibliografia: No final do trabalho Ordem alfabética Adequada aos padrões estabelecidos			
20) Análise econômica consistente (dados financeiros e/ou numéricos consistentes, se for o caso)			
21) Fundamentação teórica satisfatória			
22) Encadeamento lógico das partes			
23) Apresentação gráfica adequada			
24) Apresentação oral consistente			
25) Adequação das respostas à banca			
26) Pontos fortes (apontá-los)			
27) Pontos fracos (apontá-los)			
28) Aprovação imediata do trabalho			
29) Sugestão de nota			

TÍTULO DO TRABALHO:
_____

CURSO: _____ DATA: _____/_____/_____.

Nome do autor ou dos integrantes do grupo:
1)_____
2)_____
3)_____
4)_____
5)_____

APÊNDICE C – AS QUESTÕES MAIS FREQÜENTES FORMULADAS PELOS ALUNOS (FAQ)

Trabalho em grupo ou individual?

1) Qual o número máximo de alunos permitido em cada grupo?
Essa orientação varia de instituição a instituição. Em geral o limite corresponde a cinco alunos. Grupos maiores tornam-se dispersivos e a produtividade pode diminuir.

2) É permitido desenvolver o trabalho individualmente?
Essa orientação varia de instituição a instituição. Entende-se que hoje as organizações, mais do que nunca, necessitam de pessoas que saibam trabalhar em grupo; portanto, essa tendência é bem vista nas instituições de ensino.

Projeto

3) O projeto tem de seguir as especificações mecanográficas das normas de produção científica?
Sim. As normas sempre devem ser seguidas, já que garantem rastreabilidade ao leitor, fator imprescindível para qualificar o trabalho analisado quanto ao valor das fontes de consulta utilizadas.

4) Há um número mínimo e máximo de páginas para o projeto?
Depende da instituição. Geralmente os projetos não são muito extensos. Devem ser consistentes e fruto de um significativo esforço de pesquisa bibliográfica preliminar. Devem contemplar todos os itens exigidos, o que não significa, necessariamente, ser um trabalho volumoso.

5) O projeto pode ser revisto depois da apresentação e da atribuição da nota?
Sim. À medida que a pesquisa avança, é comum fazer adaptações nos projetos, e, em casos extremos, ou seja, se os dados e informações inicialmente programados para a realização da pesquisa não estiverem disponíveis, pode-se e deve-se mudar o caminho inicialmente planejado. Nesse caso, será necessário desenvolver e redigir novo projeto e enviá-lo ao professor orientador responsável, para validação.

Orientações para o desenvolvimento do trabalho

6) Há um número mínimo e máximo de páginas exigido para a monografia?

Depende da instituição. Há que considerar que o tamanho do trabalho vai depender da necessidade de informações e análises que o problema de pesquisa exige para ser adequadamente explicado e concluído. As questões sobre linguagem são muito importantes. Devem ser respeitadas e, ao mesmo tempo, deve-se manter o estilo redacional próprio do(s) autor(es).

7) Quem pode esclarecer dúvidas sobre o tema escolhido?

Também depende da instituição. Em geral, há um professor que desempenha o papel de coordenador do curso, a quem caberá orientar o(s) aluno(s) grupo na identificação de professores com maior afinidade no assunto, os quais atuarão como orientadores técnicos em aulas especialmente organizadas para essa finalidade.

8) Qual o procedimento necessário para contatar uma empresa, a fim de solicitar apoio para liberar informações? O grupo pode contar com o apoio da Instituição?

Sim, os alunos pesquisadores deverão solicitar ao coordenador do curso ou à secretaria da instituição de ensino a elaboração de uma carta de apresentação para facilitar seu acesso às empresas.

9) É obrigatório citar o nome da empresa que forneceu dados e informações? Se a empresa não permitir a identificação, o que deve ser feito?

Não há necessidade de identificação de uma empresa ou entrevistado, caso não concordem com isso. É possível indicar a empresa sob nome fantasia. No entanto, a banca examinadora poderá questionar o grupo para certificar-se da veracidade das informações.

10) Para a pesquisa de campo (coleta de dados primários) é necessário utilizar amostras estatísticas? De que maneira elas devem ser determinadas?

Há diferentes metodologias. Sugere-se aos alunos não familiarizados com conceitos de amostragem e métodos de análise de dados, que necessitem disso para o trabalho, que procurem um professor de estatística (através do professor orientador ou do coordenador do curso), para que possam ter a orientação precisa e adequada.

11) Existe bibliografia complementar sobre metodologia que se recomenda consultar?

A indicação feita neste guia é suficiente na maioria dos casos, porém, se necessário, a listagem constante na bibliografia permitirá aprofundamento dos tópicos discutidos.

12) Existem regras para a escolha do tema?
Há relativa flexibilidade para a escolha do tema, **porém todos os temas devem ser propostos em sintonia com o escopo do curso**, em termos de área do conhecimento, e os conceitos estudados devem ser utilizados .

Orientação para a entrega dos trabalhos

13) Quantas vias do trabalho devem ser entregues e qual o tipo de encadernação?
Depende da instituição. Deve ser entregue uma cópia para cada componente da banca examinadora, sendo 1 via encadernada em capa dura e as outras em espiral simples. Recomenda-se que o aluno ou o grupo mantenha consigo uma cópia para que, no dia da apresentação, possa acompanhar as observações pontuais da banca.

14) Qual deve ser o tipo e a cor da capa, tamanho e tipo de fonte, lombada etc.?
Essa orientação varia de instituição a instituição. Tamanho e tipo da fonte e demais especificações: seguir o modelo de capa apresentado e as respectivas especificações contidas neste guia.
Lombada: deve conter a sigla da instituição, o título do trabalho e o ano.
Cópias simples: cuidar para que gráficos com legendas coloridas sejam reproduzidos em fotocópia colorida, mesmo nas cópias simples, para que sua leitura e compreensão não fiquem prejudicadas.

15) As cópias entregues à banca examinadora serão devolvidas aos alunos?
A via em capa dura fica obrigatoriamente com a instituição. No caso das demais, não está prevista a devolução, mas os professores da banca que não quiserem mantê-las poderão devolvê-las.

16) Por que deve-se seguir o padrão mecanográfico exigido pela instituição de ensino na elaboração da versão final do trabalho? Isso é importante para ser avaliado na nota final?
Porque o padrão eleito pela instituição de ensino reflete sua opção e, portanto, seu conceito de valor para comunicação da produção acadêmica de seus alunos, seguindo, em alguns tópicos, as Normas da ABNT. Esse padrão pode sofrer variações, dependendo da instituição, e o seu pleno cumprimento é avaliado na nota final.

Regras para apresentação do trabalho à banca examinadora

17) No dia da apresentação à banca, é obrigatório que todos os componentes do grupo apresentem o trabalho?

Essa orientação fica a critério da instituição de ensino. Em geral, o grupo fica liberado para decidir quantos e quais integrantes farão a apresentação, mas a banca examinadora dirigirá perguntas a qualquer um dos componentes do grupo. **A presença de todos os componentes é obrigatória**.

18) Há algum padrão a ser seguido para a apresentação?

Isso depende inteiramente dos recursos oferecidos pela instituição de ensino, refletindo a cultura vigente. Recursos tecnológicos, quando disponíveis, e desde que empregados adequadamente, agregam valor à mesma. Isso também depende da natureza do trabalho apresentado. Seja qual for a opção, é muito importante que o aluno, com antecedência, certifique-se de que os equipamentos da instituição sejam compatíveis com o seu planejamento.

Banca examinadora

19) Quantos professores compõem a banca examinadora?
Em geral, é composta por três professores.

20) Quanto tempo é destinado para a apresentação do trabalho?
Definição também variável de instituição para instituição e da natureza de trabalho apresentado. No caso de cursos de pós-graduação lato-sensu, nos quais a autora ministra a maior parte suas aulas, este tempo é, em geral, de vinte minutos para a apresentação; após o que se iniciará a argüição, que demanda em média, mais 30 minutos.

Anexos

ANEXO A – MODELO DE CAPA: PROJETO DE PESQUISA

NOME DA INSTITUIÇÃO
Nome do Departamento

PROJETO DE PESQUISA

XXª TURMA DO CURSO
XXXXXXXXXXXXXXXXXXXXXXXXXXXXXXXXX

TÍTULO DO TRABALHO

Nome Completo do Aluno
Nome Completo do Aluno
Nome Completo do Aluno
Nome Completo do Aluno
Nome Completo do Aluno

Prof. Coordenador/Orientador/Responsável: Nome Completo

Local, mês e ano.

ANEXO B – GUIA PARA A CONSTRUÇÃO DE QUESTIONÁRIOS OU ROTEIROS DE ENTREVISTAS

Como decidir sobre o conteúdo da pergunta:
- Ela é necessária? Qual a sua utilidade?
- Está relacionada aos objetivos do trabalho?
- Há necessidade de formular outras perguntas sobre esse item?
- Ela deve ser subdividida?
- As perguntas sobre opiniões precisam ser complementadas com outras a respeito da intensidade da convicção ou sentimento da pessoa?
- Os informantes podem descrever adequadamente o assunto?
- A pergunta está sujeita a erros de observação ou recordação?
- O modo de formular a pergunta pode provocar respostas inexatas ou enganadoras. O conteúdo da pergunta induz a algum tipo de resposta?
- O conteúdo da pergunta é de natureza íntima ou passível de gerar resistência, evasão ou mentira por alguma outra razão?
- A pergunta pode parecer ofensiva? Caso pareça, pode ser eliminada?

Como decidir sobre a maneira de formular as questões
- A pergunta pode ser mal compreendida por conter palavras difíceis, muito técnicas ou estar redigida de maneira obscura?
- As palavras empregadas na pergunta são fáceis de serem compreendidas pela pessoa à qual é dirigida?
- Eventual presença de termos técnicos está claramente explicitada ou é preciso explicá-los ou ilustrá-los?
- A estrutura das sentenças é curta e simples?
- Há alguma indefinição ou ambigüidade?
- A pergunta contém componentes emocionais ou induz a determinado tipo de resposta?
- A pergunta deve ser formulada de maneira direta ou indireta utilizando-se, por exemplo, a indicação de intervalos para a pessoa situar a resposta?
- Será melhor fazer a pergunta e solicitar ao informante que assinale uma resposta ou que a escreva com suas próprias palavras?
- Se a opção for por respostas fechadas, qual o melhor tipo: dicotômica (sim e não), escolha múltipla ou escala?
- Se a opção for por empregar uma lista para assinalar as respostas, todas as alternativas estão abrangidas adequadamente e com uma ordem lógica, sem superposição?
- A pergunta atende aos objetivos da pesquisa?

Como decidir sobre a seqüência das perguntas
- A resposta a uma pergunta pode ser influenciada pelo conteúdo das perguntas anteriores?
- As perguntas podem criar alguma predisposição ou expectativa que possam influenciar as respostas das perguntas posteriores?
- As perguntas anteriores auxiliam na percepção de idéias encadeadas?
- A pergunta pode tornar-se inadequada em razão das repostas anteriores?

ANEXO C – MODELO: CAPA DO TRABALHO

NOME DA INSTITUIÇÃO
Nome do Departamento

TRABALHO DE CONCLUSÃO DE CURSO

XXª TURMA DO CURSO
XXXXXXXXXXXXXXXXXXXXXXXXXXXXXXXXXXX

TÍTULO DO TRABALHO

Nome Completo do Aluno
Nome Completo do Aluno
Nome Completo do Aluno
Nome Completo do Aluno
Nome Completo do Aluno

Prof. Coordenador/Orientador/Responsável: Nome Completo

Local, mês e ano.

ANEXO D – MODELO: FOLHA DE ROSTO

NOME DA INSTITUIÇÃO
Nome do Departamento

TRABALHO DE CONCLUSÃO DE CURSO

TÍTULO DO TRABALHO

Nome Completo do Aluno
Nome Completo do Aluno
Nome Completo do Aluno
Nome Completo do Aluno
Nome Completo do Aluno

Prof. Coordenador/Orientador/Responsável: Nome Completo

Local, mês e ano.

ANEXO E – MODELO DA FOLHA DE APROVAÇÃO

NOME DA INSTITUIÇÃO
Nome do Departamento

A MONOGRAFIA: TÍTULO DA MONOGRAFIA

ELABORADA POR: Nome Completo do Aluno
Nome Completo do Aluno
Nome Completo do Aluno
Nome Completo do Aluno
Nome Completo do Aluno

foi aprovada por todos os membros da Banca Examinadora e homologada com requisito à obtenção do título de xxxxxxxxxxxxxxxxxxxxxxxxxxxxx.

Data: _____/_____/_____

Nota Final:_____

Banca Examinadora:

Prof.(a) (nome e assinatura) _____
                              _____

Prof.(a) (nome e assinatura) _____
                              _____

Prof.(a) (nome e assinatura) _____
                              _____

ANEXO F – MODELO: TOMBO/LOMBADA DA ENCADERNAÇÃO

NOME DA INSTITUIÇÃO

TÍTULO DO TRABALHO

ANO

Bibliografia

ABNT – Associação Brasileira de Normas Técnicas. **NBR 5892**: Norma para datar. Rio de Janeiro, 1989.

_____. **NBR 6021**: Informação e documentação – Publicação periódica científica impressa – Apresentação. Rio de Janeiro, 2003.

_____. **NBR 6022**: Informação e documentação – Artigo em publicação periódica científica impressa – Apresentação. Rio de Janeiro, 2003.

_____. **NBR 6027**: Informação e documentação – Sumário – Apresentação. Rio de Janeiro, 2003.

_____. **NBR 6029**: Informação e documentação – Livros e folhetos – Apresentação. Rio de Janeiro, 2002.

_____. **NBR 6032**: Abreviação de títulos de periódicos e publicações seriadas – Procedimento. Rio de Janeiro, 1989.

_____. **NBR 6034**: Preparação de índice de publicações. Rio de Janeiro, 1989.

_____. **NBR 10522**: Abreviação na descrição bibliográfica – Procedimento. Rio de Janeiro, 1988.

_____. **NBR 10719**: Apresentação de relatórios técnico-científicos. Rio de Janeiro, 1989.

_____. **NBR 12256**: Apresentação de originais. Rio de Janeiro, 1992.

ALVES-MAZZOTTI, Alda Judith. **O método nas ciências naturais e sociais**. São Paulo: Pioneira Thomson Learning, 2002.

BARRASS, Robert. **Os cientistas precisam escrever**: guia de redação para cientistas, engenheiros e estudantes. Leila Novaes e Leônidas Hegenberg (tradução). São Paulo: Queiroz EDUSP, 1994.

BARROS, Aidil Jesus da Silveira; LEHFELD, Neide Aparecida de Souza. **Fundamentos de metodologia científica**: um guia para a iniciação científica. 2. ed. São Paulo: Makron Books, 2000.

BASTOS, Cleverson Leite; KELLER, Vicente. **Aprendendo a aprender**: introdução à metodologia científica. Petrópolis: Vozes, 1998.

BASTOS, Lilia da Rocha et al. **Manual para elaboração de projetos e relatórios de pesquisas, teses, dissertações e monografias**. 6. ed. Rio de Janeiro: LTC, 2003.

CARNEIRO, C. D. R. **Técnicas de uso de software para apresentações em aulas de Geociências.** Documentos del X Simposio sobre la Ensenanza de las Ciencias de la Tierra. Palma de Mallorca, 1998.

CARVALHO, Maria Cecília M. de. **Construindo o saber**: metodologia científica – Fundamentos e técnicas. 14. ed. Campinas: Papirus, 2003.

CERVO, Amado L.; BERVIAN, Pedro A. **Metodologia científica.** 5. ed. São Paulo: Prentice Hall, 2002.

CRUZ, Carla; RIBEIRO, Uira. **Metodologia científica**: teoria e prática. (S.l.): Axcel Books, 2003.

DEMO, Pedro. **Metodologia científica em ciências sociais**. São Paulo: Atlas, 1995.

FREITAS, Maria Ester de. **Viva a tese**: um guia de sobrevivência. São Paulo: FGV, 2001.

GIL, Antônio Carlos. **Como elaborar projetos de pesquisa**. 4. ed. São Paulo: Atlas, 2002.

GOLDMBERB, Mirian. **A arte de pesquisar**. Rio de Janeiro: Record, 2001.

LAKATOS, Eva Maria; MARCONI, Marina de Andrade. **Técnicas de pesquisa**: planejamento e execução de pesquisas, amostragens e técnicas de pesquisa, elaboração análise e interpretação de dados. 5. ed. São Paulo: Atlas, 2002.

LEHR, J. H. *Let there be stoning! in Scientific Papers and Presentations*. Davis, Martha (Org.). Arkansas: Academic Press, 1996.

LINDSTROM, R. L. **Guia *Business Week* para apresentações em multimídia**. São Paulo: Makron Books, 1995.

MARTINS, Gilberto de Andrade; LINTZ, Alexandre. **Guia para elaboração de monografias e trabalhos de conclusão de curso**. São Paulo: Atlas, 2000.

MARTINS, Joel. **Subsídio para redação de dissertação de mestrado e tese de doutorado**. 3. ed. São Paulo: Moraes, 1991.

_____. **A pesquisa qualitativa em psicologia:** fundamentos e recursos básicos. 2 ed. São Paulo: Moraes, 1994.

MINAYO, Maria Cecília de Souza et al. **Pesquisa social**: teoria, método e criatividade. 20. ed. Petrópolis: Vozes, 2002.

MOLES, Abraham A. **A criação científica**. 3. ed. São Paulo: Perspectiva, 1998.

PARRA FILHO, Domingos; SANTOS, João Almeida. **Apresentação de trabalhos científicos:** monografia, TCC, teses e dissertação. 9 ed. São Paulo: Futura, 2003.

RUTTER, Marina; ABREU, Sertório Augusto de. **Pesquisa de mercado.** 2. ed. São Paulo: Ática, 1994.

SALOMON, Délcio Vieira. **Como fazer uma monografia**. 11 ed. São Paulo: Martins Fontes, 2004.

SILVA, Ana Lúcia Rodrigues da. **Monografia fácil:** ferramentas e exercícios. São Paulo: DVS Editora, 2004.

TRUJILLO, Victor. **Pesquisa de mercado**. São Paulo: Scortecci, 2003.

TURATO, Egberto Ribeiro. **Tratado da metodologia da pesquisa clínico-qualitativa**. Petrópolis: Vozes, 2003.

VAUGHAN, T. **Multimídia na prática**. São Paulo: Makron Books, 1994.

VIEIRA, Sonia. **Como escrever uma tese.** 5. ed. São Paulo: Pioneira Thomson Learning, 2001.

YIN, Robert K. **Estudo de caso:** planejamento e métodos. 2. ed. Porto Alegre: Bookman, 2003.

ZAMBONI, Silvio. **A pesquisa em arte**: um paralelo entre arte e ciência. 2 ed. Campinas: Autores Associados, 2001. (coleção polêmicas do nosso tempo, 59)

www.dvseditora.com.br